Blick auf die Saarschleife vom Aussichtspunkt „Cloef"

Vorwort

**Saarländische Jägerküche –
Ein Kochbuch nicht nur für saarländische Jäger**

Man kann so viele Informationen ansammeln, wie man will. Beim Kochen ergibt nur der praktische Umgang mit dem Material die Kenntnisse, die man wirklich benötigt, um ein Kochbuch zu erstellen, mit dessen Hilfe auch der Gelegenheitskoch fantastische Ergebnisse in der Küche erzielen kann.

„Material" in der saarländischen Jägerküche ist selbstverständlich in erster Linie das Wildbret aus heimischer Jagd. Aber nicht nur. Dazu gehören auch die Zutaten zu den für unser Land typischen Suppen, Vorspeisen, Kartoffelgerichten, Gemüsebeilagen, Blechkuchen und Obst- und Beerendesserts. All dies steht für Ursprünglichkeit, Naturnähe und Nachhaltigkeit.

Autor Dr. Wolfgang Dörrenbächer, gelernter Chemielaborant, promovierter Biogeograph und Vorsitzender des Ausschusses für Natur- und Landschaftsschutz der Vereinigung der Jäger des Saarlandes ist seit vielen Jahren begeisterter Jäger, Amateurkoch und Leiter von Wildkochkursen. Als Mitinitiator und „Chefkoch" der Aktion „Jäger kochen für Jäger" versteht er es wie kaum ein Zweiter, seine praktischen Erfahrungen im Umgang mit dem „Material" in ein Kochbuch umzusetzen, das einerseits bereits den Start in der Wildküche auch für Laien leicht gelingen lässt, andererseits aber ebenso für den erfahrenen Jäger und Hobbykoch tolle Tipps und Anregungen für komplette mehrgängige Menüs „rund ums Wild" bereithält.

Im Unterschied zu manch anderem Werk des breitgefächerten Kochbuchmarkts zeichnet sich das Buch „Die saarländische Jägerküche" dadurch aus, dass der Autor nicht lediglich eine Rezeptsammlung zusammengestellt hat. Vielmehr hat er jedes einzelne Gericht in der heimischen Küche ausgiebig erprobt, soweit erforderlich praxisgerecht angepasst und das Ergebnis dann in appetitanregenden Fotos jeweils passend zur Kochanleitung festgehalten. Grundlegendes über die im Saarland vorkommenden Wildarten, die Wildbrethygiene und das Zerwirken und küchenfertig machen von Wild ergänzen den Rezeptteil. Eigene Aufnahmen der vielfältigen saarländischen Landschaften hat der Verfasser dann mit den Rezepten und den zugehörigen Bildern zu einem stimmigen Gesamtwerk zusammengefügt. Zum Ergebnis kann ihm nur gratuliert und höchste Anerkennung ausgesprochen werden.

„Die saarländische Jägerküche" ist ein Buch, auf das die Vereinigung der Jäger des Saarlandes als Herausgeberin zu Recht stolz sein kann. Das tolle Werk gehört in jeden Jägerhaushalt und in die Küche jedes saarländischen Wildbretfreundes!

Josef Schneider
Landesjägermeister

Natura 2000-Gebiet Nied, Revier Eimersdorf

Vorwort

Sehr geehrte Leser und Leserinnen,

die Jagd ist so alt wie die Menschheit selbst. Sie hatte zu Zeiten der „Jäger und Sammler" vor tausenden von Jahren eine zentrale Bedeutung für die Nahrungsbeschaffung, denn Fleisch stand ganz oben auf dem Speisezettel.

Heute haben wir in den entwickelten Ländern aufgrund moderner Landwirtschaft Nahrung aus Ackerbau und Viehzucht im Angebot und teilweise im Überfluss. Wenn es allerdings darum geht, bei der Qualität des Fleisches nicht nur Geschmack und Beschaffenheit, sondern auch die Bedingungen, unter denen das Tier gelebt hat, zu berücksichtigen, ist Wildfleisch unschlagbar.

Unser Wald ist ein naturnahes Ökosystem. Er ist Lebensraum und Rückzugsgebiet vieler Tier- und Pflanzenarten. So bietet er auch unseren heimischen Wildtierarten eine gesunde Umwelt. Natürliche Nahrungsquellen wie frische Gräser, Kräuter, Knospen und Früchte und annähernd uneingeschränkte Bewegungsfreiheit sind Grundlage für eine ausgezeichnete Wildfleischqualität.

Wildfleisch erfreut sich aufgrund seiner hohen Bekömmlichkeit und seines ausgezeichneten Geschmacks immer größerer Beliebtheit. Es ist gesundes, nachhaltig verarbeitetes Fleisch, da die Tiere artgerecht leben durften. Wildfleisch trägt in großem Maße zu einer modernen, bewussten und ausgeglichenen Ernährung bei.

Mit dem vorliegenden Buch ist es der Vereinigung der Jäger des Saarlandes und Herrn Dr. Dörrenbächer gelungen, Wildbret hervorragend in die klassische saarländische Küche mit einzubinden.

Unter dem Motto „Hauptsach' gudd gess, geschafft han mir schnell" wünsche Ihnen allen gutes Gelingen beim Nachkochen.

Ihr Reinhold Jost

Inhalt

Vom Revier in die Küche 12

Warenkunde, Küchenpraxis 18

Wildfond, Saucen und Suppen
Wildfond, Saucen und Suppen 24
Hubertus-Suppe 28
Fasanenconsommé 29
Hasenconsommé 30
Kürbis-Süßkartoffelsuppe 31
Waldpilzsuppe 33

Vorspeisen, Salate, Innereien
Gruß aus dem Wald 35
Gruß aus der Jägerküche 36
Carpaccio vom Reh- oder Rotwild 37
Feldsalat, Vinaigrette 38
Löwenzahn „Bettseicher" 41
Linsensalat/Linsengemüse 42
Das kleine Jägerrecht 43
Wildschwein-Leberknödel 44
Weihnachtsterrine 45

Wild auf dem Grill/ Schwenker
Wildgrillwochen der VJS 47
Wildbret für den Schwenker? 48
Marinaden, Saucen und Beilagen 49
Beilagen zum Grillen 50

Rotwild, Damwild

Hirschrouladen vom Rotwild 54
Gulasch von Rot- oder Damwild 55
Rollbraten von Rot- oder Damwildkalb 56

Rehwild

Rehblatt am Knochen gebraten 62
Rehragout 63
Sauerbraten von der Rehkeule 64
Rehrücken-Medaillons mit Spargel 66
Rehfilet mit Champignons 67
Maibock in der Kruste 68
Wildhackbraten Reh- oder Schwarzwild 70
Wildfrikadellen von Reh- oder Schwarzwild 71

Schwarzwild

Wildschwein-Gulasch aus dem Nacken 76
Wildschwein-Schnitzel aus dem Rücken 77
Wildschweinbraten aus der Keule 78
Wildschwein-Koteletts aus dem Rücken 79
Wildschwein-Haxen italienisch 80
Wildschwein-Rollbraten aus dem Rücken/Bauch ... 81
Frischlings-Rollbraten in Brombeersauce 82

Feldhase und Kaninchen

Hasenragout ungarisch 88
Hase im Elsässer Baeckeoffen 89
Kaninchen in Cognac-Rahmsauce 90
Kaninchenschnitzel 91

...aus Überzeugung lecker...

Inhalt

Ente, Fasan, Taube

Ente mit Rosmarinkartoffeln	97
Entenbrüstchen mit Paprika-Gemüse	98
Fasanenbrüstchen mit Gemüsegraupen	99
Taubenbrüstchen auf roten Linsen	100
Taube auf Tomatenbulgur	101

Beilagen und Gemüse

Semmel-/Serviettenknödel	105
Schneebällchen	106
„Kerschdscher"	107
„Gereeschde"	108
Hausgemachte Knöpfle	109
Schupfnudeln	110
Gemüsegraupen	111
Karamellisiertes Apfelrotkraut	112
Rosenkohl mit Mandelblättchen	113
Wirsingbällchen	114
Möhren-Ingwer-Gemüse	115
Möhren-Fenchel-Gemüse	116
Paprika-Gemüse	117
Tomatenbulgur	119

Nachspeisen

Apfelkuchen mit Schmand	121
Heidelbeerkuchen vom Blech	122
Limetten-Joghurt-Mousse mit Himbeeren	123
Traubentraum	124
Karamell-Törtchen	125

...aus Überzeugung lecker...

Vom Revier in die Küche

Wildarten im Saarland

Im jährlich erscheinenden Handbuch „Jagd" des Deutschen Jagdverbandes e.V. (DJV) sind für das Jagdjahr 2018/2019 nachfolgende Strecken für das Saarland aufgeführt:
129 Stück Rotwild, 252 Stück Damwild, 9.989 Rehe, 6.831 Wildschweine, 129 Feldhasen, 31 Kaninchen, 461 Stockenten, 51 Fasane und 270 Wildtauben. Hinzu kommen noch weitere, hier nicht aufgeführte Wildarten. Als Wildbret für die Küche sind im Saarland insbesondere die Haarwildarten Rot- und Damwild, Rehwild und Schwarzwild von Bedeutung. Feldhasen, Kaninchen, Stockenten, Fasane und Wildtauben sind für Nichtjäger meist nur über den Wildhandel oder Discounter erhältlich. Dabei stammen diese Produkte oft aus Revieren außerhalb des Saarlandes. Die in saarländischen Revieren erlegten Stücke dieser Wildarten werden überwiegend in der Küche der Jäger selbst verarbeitet. Typisch ist hierfür der Küchenhase des Jägers in der Weihnachtszeit.

Wildeinkauf

Frisches Wild aus saarländischen Revieren kann entsprechend der Jagd- und Schonzeitverordnung fast das ganze Jahr über angeboten werden.

Für die einzelnen Wildarten stellen sich die Jagdzeiten wie folgt dar:

Rehwild:	01.05.- 31.01.	Kaninchen:	ganzjährig
Rotwild:	01.06.- 31.01.	Stockenten:	01.09.- 15.01.
Damwild:	01.07.- 31.01.	Fasane:	01.10.- 15.01.
Schwarzwild:	ganzjährig	Ringeltauben:	01.09.- 20.02.
Hasen:	01.10.- 31.12.		

Das Ministerium für Umwelt und Verbraucherschutz und die VJS haben in einer Broschüre „Wildbret aus dem Saarland" einige interessante Informationen und Fakten zum Zubereiten von Wild mit Rezeptideen zusammengestellt. In einer Saarlandkarte sind die zugelassenen Wildverarbeitungsbetriebe mit Adressen und Kontaktdaten abgebildet.
Viele saarländische Familien kaufen oft über Generationen ihr Wildbret beim örtlichen Jäger, oder bei Metzgereien mit Wildangeboten. In jüngster Zeit sind die vorerwähnten zugelassenen Wildverarbeitungsbetriebe hinzugekommen. Zurzeit (Stand 2019) sind im Saarland 22 Wildverarbeitungsbetriebe zugelassen. Die aktuelle Liste mit Adressen ist unter der Homepage der Vereinigung der Jäger des Saarlandes einsehbar. Bei den Wildverarbeitungsbetrieben sind ganze Stücke in der Decke (Reh) bzw. in der Schwarte (Schwarzwild) oder Einzelteile wie Keulen, Rücken oder Gulasch, meist aus Blatt oder Träger, erhältlich. Auch Discounter und Supermärkte bieten Wild an, wobei dies oft Angebote mit Wild aus nicht heimischen Revieren sind. Zum Teil ist dieses Wild aus Argentinien oder Neuseeland importiert.
Die größte Auswahl beim Kochen erhält man, wenn man ganze Stücke kauft, die man entweder selbst zerwirkt und vakuumiert oder vom Metzger zerwirken und küchenfertig machen lässt. Dadurch hat man eine größere Vielfalt und kann auch Wildgerichte mit Bauchlappen, Rippen, Haxen und Innereien zubereiten. Die Knochen und die Zerwirkreste (Fleischabschnitte, Sehnen und Hautpartien) können zu Wildfond für Suppen und Saucen verarbeitet werden.

Wildbrethygiene und Lebensmittelrecht

Die Wildbrethygiene ist sowohl im EU- als auch im nationalen Lebensmittelhygienerecht verankert (Lebensmittelhygiene-Verordnung und Tierische Lebensmittelhygiene-Verordnung). Mit diesen Vorschriften wird auch die Gewinnung und Vermarktung des Wildes durch den Jäger geregelt.

Die saarländischen Jäger werden in den Vorbereitungslehrgängen zur Jägerprüfung in den Fächern Wildtierkunde, Wildhege und Naturschutz, Jagd- und Waffenrecht, praktischer Jagbetrieb und Schießwesen ausgebildet. Die Wildbrethygiene und die Wildkrankheiten stellen einen wichtigen Prüfungsschwerpunkt dar, der nach der beabsichtigten Novellierung des Jagdgesetzes in einer bundeseinheitlichen Prüfungsordnung ein Sperrfach werden soll.
Mit der Ablegung der Jägerprüfung sind die Jäger in der Lage, das Wild bereits vor dem Schuss auf abnormales Verhalten und Anzeichen von Wildkrankheiten zu beurteilen und gelten als „kundig".
Beim Aufbrechen des erlegten Stückes werden die Organe, die Haut und das Fleisch auf bedenkliche Merkmale untersucht. Sollte der Jäger solche bedenklichen Merkmale feststellen, wird das Wildbret einer amtlichen Fleischuntersuchung zugeführt oder gleich entsorgt.

Beim Schwarzwild entnimmt der Jäger die Proben für die Trichinenuntersuchung. Diese Untersuchung auf Trichinen ist zwingend vorgeschrieben und würde auch z.B. für den Dachs gelten, wollte man ihn dem menschlichen Genuss zuführen, z.B. in Form von Dachsschinken. Zur fachgerechten Probenentnahme werden die saarländischen Jäger durch Tierärzte des Landesamtes gesondert geschult. Die Trichinen-Untersuchung selbst wird im Saarland vom Landesamt für Verbraucherschutz in Saarbrücken vorgenommen. Beim Gebäude findet sich auch ein öffentlich zugänglicher „Proben-Kühlschrank", mit dem eine Annahme der Trichinenproben rund um die Uhr gewährleistet ist. Die VJS hat am Jägerheim in Saarwellingen ebenfalls eine Probeannahmestelle auf dem Schießstand eingerichtet, der zu dessen Öffnungszeiten erreichbar ist. Zusätzlich können Trichinenproben bei einigen amtlich zugelassenen Tierärzten abgegeben werden.

Die Ergebnisse der Untersuchung werden vom LAV meist innerhalb von 2 Tagen per Fax, E-Mail oder telefonisch den Erlegern des Wildes mitgeteilt. Die Abgabe von Wildbret an Verbraucher darf erst nach dieser Mitteilung der Probenergebnisse erfolgen. Nach dem Aufbrechen und eventuellen Reinigen des Wildes mit Trinkwasser erfolgt die Verbringung des Stückes in den Wildkühlschrank oder die Kühlkammer des Jägers. Beim SaarForst-Landesbetrieb sind hierzu eigens eingerichtete Sammelstellen mit Zerwirkräumen eingerichtet, die von den Jagdgästen und Pirschbezirks-Inhabern benutzt werden können.
Nach einer Lüftung bzw. einer Auskühlzeit bis zum Eintreten der Totenstarre (Absinken des pH-Wertes auf pH 6) wird das Wild entsprechend der Lebensmittel-Hygiene-Verordnung der EU zur Fleischreifung bei Temperaturen zwischen maximal +4 bis +7 °C aufbewahrt. Die Kühltemperaturen der Kühlkammern sind meist dazu auf +2 bis +3 °C eingestellt.
Die Fleischreifung, auch Säuerung genannt, ist eine wichtige Voraussetzung für aromatisches und zartes Wildfleisch.
Die Abhängzeit für Wildbret in der Kühlkammer variiert je nach Wildart, Alter und Gewicht der Stücke zwischen zwei und sechs Tagen.

Vom Revier in die Küche

Zerwirken, küchenfertig machen und einfrieren

Zum Aus-der-Decke-schlagen und Zerwirken eines Rehes oder Wildschweins benötigt man spezielle Arbeitsgeräte wie Fleischerhaken, Abhäutmesser, Knochensäge, Zerwirkzangen, Ausbeinmesser, Metzgerbeil für die Knochenzerkleinerung für Wildfond, Küchenbretter und eventuell einen Hackklotz. Schnittschutzhandschuhe und Arbeitskleidung sind selbstverständlich.
Diese Grundausstattung ist in den meisten Jäger-Haushalten vorhanden. Zur weiteren Verarbeitung des Wildbrets für die Lagerung im Gefrierschrank benötigt man ein Vakuumiergerät mit Zubehör, wie im Kapitel „Vakuumieren und einfrieren" beschrieben.

Das grobe Zerwirken, dargestellt am Beispiel von Rehwild

Ein grob zerwirktes Stück Rehwild besteht aus den zwei Keulen, den zwei Vorderläufen, dem Rücken mit Träger (Hals) und den Rippen mit Bauchlappen. Hinzu kommen die zwei echten Filets, die sich an der Innenseite der Wirbelsäule des Wildkörpers befinden. Wenn der Jäger bei der Abgabe eines ganzen Stückes auf die Innereien als sogenanntes „Kleines Jägerrecht" verzichtet, kommen ggfs. noch Herz, Leber und Nieren hinzu. Die Milz und die Lunge sind zwar auch verwertbar, doch diese Innereien verbleiben meist beim Aufbruch und werden entsorgt. Die Zerwirk-und Ausschlacht-Ergebnisse für Reh- und Schwarzwild sind beispielhaft dargestellt.

Zerwirk-Ergebnisse von Reh- und Schwarzwild

Rehbock aufgebrochen in der Decke, Gesamtgewicht 18 kg

2 Keulen mit Knochen je	2,5 kg
Rücken mit Knochen	2,1 kg
2 Filets	0,2 kg
2 Blätter mit Knochen je	1,1 kg
Hals mit Knochen	1,5 kg
Rippen mit Bauchlappen	1,3 kg
Herz, Leber, Nieren	1,0 kg

Schwarzwild aufgebrochen in der Schwarte, Gesamtgewicht 40 kg

2 Keulen mit Knochen je	3,6 kg
Rücken mit Knochen	4,6 kg
2 Filets	0,3 kg
2 Blätter mit Knochen je	2,4 kg
Hals mit Knochen	2,1 kg
Rippen mit Bauchlappen	3,2 kg
Herz, Leber, Nieren	1,5 kg

Die restlichen Anteile sind nicht verwertbare Teile wie Decke/Schwarte, Läufe, Haupt und ausgeschärfte Schussverletzungen. Sie schwanken je nach Wildart, Alter und Schussverletzung zwischen 35 bis 45 Prozent.

Bevor man die Einzelteile vakuumiert und einfriert, empfiehlt es sich, sie durch weitere Arbeitsschritte küchenfertig zu machen.
Diese Arbeitsschritte sind für Reh-, Rot- und Damwild und Schwarzwild anwendbar. Die anfallenden Knochen und Fleischreste können zur Herstellung von Wildfond verwendet werden

Vom Revier in die Küche

Rehrücken

Wer den Rücken am Knochen braten will, braucht nur die oberflächige Haut zu entfernen. Dies geschieht am besten mit einem scharfen, leicht biegsamen Messer mit dünner Klinge, die 10 cm oder länger sein soll. In den meisten Fällen werden jedoch Gerichte mit den ausgebeinten Rückenfilets bei Festtagsessen Anwendung finden. Hierzu wird der Rücken mit einem Ausbeinmesser von den Knochen der Wirbelsäule getrennt und danach die Haut, auch Silberhaut genannt, entfernt. Man nennt diesen Vorgang auch „Parieren". Diese im Bild gezeigte Methode liefert zwei sauber ausgelöste und parierte Rückenteile.

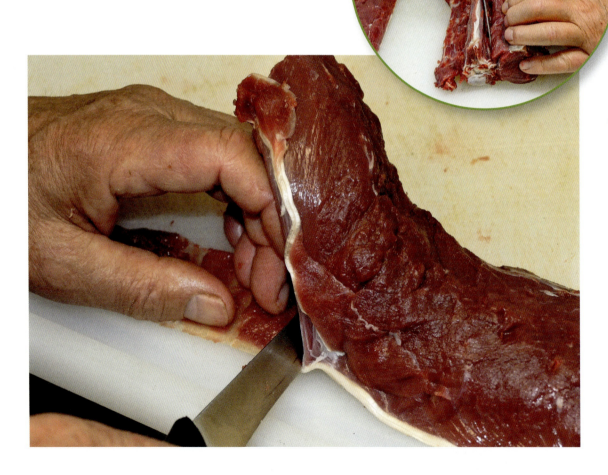

Rehkeule

Bei der Rehkeule wird zuerst der Schlossknochen (Beckenknochen) entfernt und dann die Haxe von der Keule getrennt. Die Haxen von Vorder- und Hinterläufen kann man zur Herstellung von Fond benutzen oder, wie im Rezeptteil unter „Wildschwein-Haxen italienisch" beschrieben, zu einem schmackhaften Gericht weiterverarbeiten. Man kann nun die Rehkeule mit dem Mittelknochen einfrieren oder eine weitere Zerlegung in die einzelnen Muskelabschnitte vornehmen. Man erhält so kleinere Wildbretteile wie Nuss, Oberschale, Unterschale, Hüfte und Schwanzrolle. Aus diesen Abschnitten können Schnitzel, Bratenstücke oder Gulasch zubereitet werden. Die Hüfte kann man auch zu Medaillons aufschneiden.

Blätter, Hals, Rippen und Bauchlappen

Die Blätter brät man am besten am Knochen oder zerlegt sie für Gulaschgerichte. Bei geringer Schussverletzung können die Rippen und der Bauchlappen ausgebeint zu zwei Rouladen verarbeitet werden. In der Regel werden jedoch Hals, Rippen und Bauchlappen beim Reh zusammen mit den Knochen des Rückens und anderer Knochenabschnitte zur Herstellung von Fonds für Suppen und Saucen verwendet.

Warenkunde und Küchenpraxis

Vakuumieren und einfrieren

Küchenfertiges Wildfleisch kann man im Kühlschrank zwei bis drei Tage aufbewahren. Sollte das Wildbret erst später verarbeitet werden, muss man es in Gefriertüten verpacken und einfrieren. Bei kleinen Mengen kann dies ohne zusätzliche Geräte geschehen. Zur Haltbarmachung der Wildbretteile eines ganzen Rehs oder eines Wildschweins ist jedoch ein **Vakuumiergerät** eine große Hilfe.
Wer das Zerwirken und „Eintüten" dem Metzger überträgt, kann auf ein solches Gerät verzichten.
Vor dem Vakuumieren sollte man auf das Waschen oder Marinieren des Fleisches verzichten. Eine Ausnahme bildet der Sauerbraten, der aber nur etwa zwei bis drei Tage in der Marinade verbleiben muss, bevor er weiterverarbeitet wird.

Als sehr praktisch hat es sich erwiesen, die Wildbretteile vor der Verbringung in die Gefrierbeutel mit einer Klarsichtfolie einzuschlagen. Dadurch werden Verschmutzungen mit Blut oder Fleischresten beim Vakuumiervorgang vermieden. Insbesondere ist dies bei der Verarbeitung der Leber zu empfehlen.
Vor dem Verbringen in den Gefrierschrank sollte man jeden Gefrierbeutel mit Inhalt, Gewicht und Datum mit einem nicht abwaschbaren Folienschreiber beschriften. Wenn man größere Mengen bevorratet, empfiehlt sich auch, eine Inhaltsliste der Wildbretteile, die sich im Gefrierschrank befinden, anzulegen.
Der Fachhandel bietet Folienrollen oder Beutel mit verschiedenen Stärken (Reißfestigkeit), Vakuumbehälter, Knochenschutzgewebe, Flüssigkeits-Stopp und Lachsbretter zum Einfrieren eines ganzen Rückens mit Knochen an.

Die Lagerungsdauer im Gefrierschrank ist unterschiedlich. Fettreiches Wildfleisch (z.B. vom Wildschwein) sollte möglichst nicht länger als ein halbes Jahr eingefroren werden, Fleisch von Reh und Hirsch kann durchaus ein Jahr ohne deutlichen Qualitätsverlust bei minus 18°C gelagert werden.
Gefrorenes Wildfleisch sollte man beim Auftauvorgang aus der Gefriertüte nehmen und, mit einem Küchentuch abgedeckt, im Kühlraum oder Kühlschrank auftauen. Der austretende Fleischsaft sollte gut abtropfen können und in einem Gefäß aufgefangen und weggeschüttet werden. Wichtig ist, dass andere Lebensmittel damit nicht in Berührung kommen.

Quelle: Niedersächsisches Landesamt für Verbraucherschutz und Lebensmittelsicherheit

Sollte einmal wenig Zeit zur Verfügung stehen, den Auftauvorgang, der ein bis zwei Tage in Anspruch nimmt, vorzunehmen, besteht auch die Möglichkeit, das Wildbret in dem Gefrierbeutel zu belassen und diesen für ein bis zwei Stunden in ein warmes Wasserbad zu legen. Geschmacks- oder Qualitätsverluste treten hierbei nicht auf.
Die Abschnitte zur Herstellung von Fond (Knochen und Zerwirkreste) verarbeitet man am besten direkt nach dem Zerwirken zu einem Grundfond, der dann in Gefrierbehältern bevorratet werden kann. Dadurch erspart man sich das schwierige Einfrieren von spitzkantigen Knochen und gewinnt Platz im Gefrierschrank.

Küchengeräte

Bei der Zubereitung der Wildgerichte benötigt man verschiedene typische Küchengeräte: verschiedene Messer, Schüsseln und Töpfe, Bratpfannen, Dampfkochtopf, Löffel, Wender, Geflügelschere, Siebe sowie spezielle Geräte zur Herstellung von Hackfleisch, Farcen sowie zur Zubereitung von Vor- und Nachspeisen. Auf eine detaillierte Beschreibung wird verzichtet; im Rezeptteil wird, wenn dies für die Zubereitung notwendig ist, auf diese Küchengeräte eingegangen.

Zur Feststellung des Garpunktes bei Wildbret empfiehlt sich die Anschaffung eines Fleisch-Thermometers mit digitaler Anzeige.

Koch- und Garmethoden

Die Zubereitung von Wildgerichten erfolgt in der Regel durch Braten in Pfannen auf Herdplatten von Gas- oder Elektroherden. Dies ist besonders bei Kurzgebratenem wie Schnitzel, Koteletts, Filets, Geschnetzeltem und Frikadellen der Fall.

Bei vielen Gerichten wie Sauerbraten, Hackbraten, Gulasch, ganzem Geflügel, Rollbraten, Terrinen und Pfannengerichten mit Kartoffeln und Gemüsezugaben empfiehlt sich ein Schmoren in gusseisernen Pfannen oder beschichteten Alupfannen sowie Auflaufformen aus Steingut, Porzellan oder Edelstahl im Backofen.

Seit einigen Jahren kommen in Haushaltsküchen auch Dampf-Backofen zum Einsatz, die in der Gastronomie schon lange als Kombidämpfer eingesetzt werden. Diese Geräte erlauben das Braten verschiedener Wildbretgerichte durch automatisch einstellbare Programme.

Weitere Kochmethoden sind das Niedrigtemperatur-Garen sowie das Vakuumbraten auch Sous-vide-Garen genannt. Hierzu sind spezielle Küchengeräte und Kochbücher auf dem Markt. Auch zum Grillen von Wildbret sind in den letzten Jahren eine Vielzahl von Büchern erschienen, so dass in diesem Kochbuch nur einige Standardgerichte für den sogenannten saarländischen „Schwenker" beschrieben sind. Das Grillen einer ganzen Sau am Spieß sollte man Grillprofis überlassen, da hierzu ein spezielles Grillgerät mit Hitzeschirm oder Deckel, besondere Spieße zum richtigen Befestigen der ganzen Sau, Lakenspritzen und weiteres Grillzubehör und vor allem Erfahrung notwendig sind.

Warenkunde und Küchenpraxis

Garzeiten

In fast jedem Wildkochbuch sind Garzeiten und Gartemperaturen beschrieben, die in der Praxis oft nicht passen. Dann ist der Misserfolg vorprogrammiert.

Das hängt oft damit zusammen, dass Wildbret, bedingt durch viele Umstände in jedem Einzelfall unterschiedliche Garzeiten benötigt. Hierfür ist das Alter und Geschlecht der Stücke, das Aufbrechen, die Fleischreifung, das Zerwirken und die Lagerung des küchenfertigen Wildbrets von Bedeutung.

Um alle Keime abzutöten, wäre es notwendig, in jedem Fall so zu garen, dass eine Kerntemperatur von 80 °C für eine Zeit von mindestens 10 Minuten gewährleistet ist. Würde man diese Vorgabe stets einhalten wollen, dürften zum Beispiel kein Carpaccio aus Rückenteilen oder rosa gebratene Wildgerichte zubereitet werden. Da wir darauf nicht verzichten wollen, ist es umso wichtiger, Wildbret in bester Qualität in der Küche zu verwenden. Sehr gut wurden diese Zusammenhänge in dem Klassiker: „Das große Buch vom Wild" von dem Jäger, Gourmet und Fachjournalist Olgierd E.J. Graf Kujawski (†), erschienen 1992 im Teubner Verlag, beschrieben.

Die nachfolgend angegebenen Brat- und Garzeiten sollten deshalb nur als Anhaltswerte betrachtet werden. Größere Bratenstücke von Schalenwild wie ganze Keulen, Blätter am Knochen und Rollbraten benötigen zum Durchgaren 120 bis 180 Minuten. Mit einem Bratenthermometer sollte jeweils die gewünschte Kerntemperatur beim Bratvorgang gemessen werden. Sie kann je nach persönlichem Geschmack zwischen 65 °C und 80 °C variieren. Bei Schnitzeln, Koteletts und Steaks aus Wildbret gelten die gleichen Brat- und Kochtipps wie sie von erfahrenen Köchen für Schweine- oder Rindfleisch gegeben werden.

Wenn man ganz sicher gehen will, dass das Bratenstück die gewünschte Konsistenz hat, ist eine Probenahme an einem kleineren Stück durchaus zu empfehlen. Sollte der Braten eines größeren Stückes trotz all dieser Brathinweise einmal zu trocken oder zäh geworden sein, kann man durch ein sehr dünnes Aufschneiden des Fleisches quer zur Faser diesen Zustand etwas kaschieren, insbesondere, wenn zu dem Gericht Saucen gereicht werden. Weitere Einzelheiten zu den Garzeiten und deren Überprüfung sind in dem Rezeptteil enthalten.

Himmelblauer Bläuling

Gemeiner Scheckenfalter

Natura 2000-Gebiet Birzberg bei Saarbrücken-Fechingen

Ostertal bei Neunkirchen-Hangard

Wildfond, Saucen und Suppen

Brauner oder dunkler Wildfond als Grundlage für Saucen und Suppen

Beim Zerlegen und küchenfertig machen des Wildbrets fallen kleinere Fleischabschnitte, Knochen und Parüren (Sehnen und Haut) an, die in der Küche noch Verwendung finden können.

Aus diesen Teilen des Wildes kann man eine Wildbrühe, einen Wildfond oder einen Wildjus herstellen. Die drei genannten Flüssigkeiten unterscheiden sich durch die Art des Auslaugens der Wildbretteile, die Zutaten wie Wein, Wurzelgemüse und Gewürze und Kräuter und durch die Konzentration. Als Grundlage für Wildsuppen und Wildsaucen ist der Wildfond der wichtigste Vertreter dieser Kochflüssigkeiten. Wildbrühe wird meist nur für spezielle Suppenrezepte benötigt, Wildjus wird aus Wildfond durch Zugabe von Rot- oder Portwein und zusätzliche Reduktion hergestellt. Deshalb wird nur der braune Wildfond als wichtigste Suppen- und Saucengrundlage in diesem Wildkochbuch beschrieben.

ZUTATEN
für ca. 3-4 Liter braunen Wildfond

2-3 kg	zerkleinerte Wildknochen, Wildbretabschnitte und Parüren
300 g	Zwiebeln
200 g	Möhren
100 g	Knollensellerie (Staudensellerie geht auch)
2 EL	Tomatenmark
1	Flasche Rotwein, bei Federwild geht auch Weißwein
10	Pfefferkörner
3	Pimentkörner
2	Nelken
2	Lorbeerblätter
8	Wacholderbeeren
1	Thymianzweig
	Pflanzenfett oder Schweineschmalz wegen der späteren Entfettung (besser als Öle)

ZUBEREITUNG

1. Knochen, Abschnitte und Parüren in einer Pfanne oder einem großen Topf mit Fett anbraten und gut rösten; dabei die Bratansätze mehrmals mit dem Schaber oder Kochlöffel vom Boden lösen. Wurzelgemüse zugeben oder separat anbraten und dann zu den geschmorten Knochen geben. Tomatenmark zugeben und kurz mitrösten.

2. Mehrmals mit kleinen Mengen Rotwein ablöschen und einkochen lassen. Gewürze zugeben und mit kaltem Wasser auf etwa 4-5 Liter auffüllen und 3-4 Stunden köcheln lassen, alle Zerwirkreste müssen bedeckt sein.

3. Fond auskühlen lassen und mit einem Schöpflöffel grobe Teile entnehmen, den Fond durch ein Spitzsieb geben und durch ein Küchentuch passieren.

4. Nach dem Erkalten (eventuell im Kühlhaus oder Wildkühlschrank) Fett mit dem Schöpflöffel abheben.

Der Fond kann im Kühlschrank mehrere Tage, oder eingefroren in der Kühltruhe bis zu einem Jahr, gelagert werden. Er dient als Grundlage für fast alle Suppen und Saucen der Wildmenüs. Für klare Suppen kann der Fond nachträglich mit Eiweiß und Rinderhackfleisch geklärt werden.

Bei der Verarbeitung eines ganzen Rehes oder eines 20-30 kg schweren Stückes Schwarzwildes rentiert sich eine Herstellung von Fond auf Vorrat. Von den gesamten Zerwirkresten dieser Stücke können 8-10 Liter Fond gekocht werden. Diese Menge kann, in kleinere Portionen aufgeteilt, eingefroren werden.

Verwendung des braunen Wildfonds

Der Wildfond kann den Wildgerichten wie z.B. Gulasch, Schmorbraten und Rollbraten zur Verfeinerung und zum Strecken der Bratensauce zugesetzt werden. Der Fond eignet sich aber auch als Grundlage für separate Saucenvarianten. Durch die Zugabe von Rot- oder Weißwein, Portwein, Cognac, Sherry, Madeira, Marmeladen, Pilzen, Gemüse, Gewürzen und Sahne können aromatische und sämige Saucen zu kurzgebratenen Wildgerichten, zu Hackbraten, Schnitzeln und Steaks hergestellt werden. Man kennt mehr als 600 klassische Saucen, von denen aber nur fünf bis maximal zehn Saucen in der häuslichen Wildküche Verwendung finden.

Die Saucenvielfalt geht auf die Kochkunst französischer Köche zurück, die eine Einteilung in braune und helle Grundsaucen für Fleisch, in Buttersaucen, Gemüsesaucen und Ölsaucen vorgenommen haben.

Saucen zu Wildgerichten

Dunkle Bratensauce

Bei Schmorgerichten wie Gulasch, Braten am Knochen, Rollbraten und Rouladen erhält man durch die Bratenröststoffe und die unterschiedlichen Zugaben wie z.B. Wurzelgemüse, Zwiebeln, Knoblauch, Lauch, Tomatenmark, getrocknete oder frische Kräuter bereits eine schmackhafte Sauce, ohne dass man den zuvor erwähnten braunen Wildfond hierzu benötigt. Meist ist diese, beim Braten entstehende Bratensauce aber in der Menge zu gering, sodass der Wildfond zum Angießen genutzt wird und dadurch eine größere Saucenmenge zur Verfügung steht. Durch Zugabe von unterschiedlichen Marmeladen, Weinen oder sonstigen alkoholischen Getränken kann dann eine größere Menge schmackhafter Sauce zubereitet werden. Durch eventuelles Passieren (Sieben) können nicht erwünschte Schmorteile wie Zwiebeln, Pilze oder Wurzelgemüse beseitigt werden und durch Zugabe eines Saucenbinders oder durch Abbinden mit kalter Butter kann diese braune Bratensauce in die gewünschte Konsistenz gebracht werden.

Dunkle Bratensauce mit Marmeladen, Obst und Beeren

In den Wildgerichten dieses Jägerkochbuchs sind Saucen aufgeführt, die mit Marmeladen und weiteren Zugaben angerichtet werden. Als Marmelade verwende ich meist eine selbst hergestellte Holunder-Brombeermarmelade, die einen kleinen Anteil (10%) von Zwetschgen, Johannisbeeren und Erdbeeren enthält. Das Aroma kann durch Zugabe eines Spritzers Balsamico verbessert werden. Weitere Obst- und Beerensorten wie Sauerkirchen und Zwetschgen, Preiselbeeren und Granatapfelkerne finden Verwendung in Wildsaucen. Obst findet Verwendung in Orangensaucen zu Entengerichten und zum Fasan werden auch Äpfel oder Trauben in der Saucenherstellung verwendet.

Brombeere

Holunder

Zwetschge

Rahmsaucen auf der Basis von dunklem Wildfond

Zu Wildgerichten passen auch auf der Basis von dunklem Wildfond hergestellte Rahmsaucen.
Bekannte Rahmsaucen sind Morschelrahmsauce, Rahmsauce mit Pfifferlingen, Steinpilzen oder Champigons und Cognacrahmsauce. Die Cognacrahmsauce eignet sich auch zum Flambieren, wobei Vorsicht vor einer möglichen Verbrennung geboten ist.
Diese Rahmsaucen basieren neben den namengebenden Zutaten auf der Basis von Sahne und Sahneprodukten wie Crème fraîche oder Sauerrahm.
Bei Hackbraten und Frikadellen aus Wildbret ist eine Rahmsauce mit Champigons oder Steinpilzen eine schmackhafte Saucenbeigabe. Vergleichbar ist diese Sauce mit der klassischen Sauce, die zu dem Jägerschnitzel aus Kalb- oder Schweinefleisch gereicht wird. Gibt man passierte Tomaten, Tomatenmark oder Ketchup und rote und grüne Paprikastreifen hinzu, dann hat man eine vergleichbare Sauce, die in Gaststätten zu Zigeunerschnitzeln gereicht wird. Ein Pürieren von Pilzzugaben ist nicht zu empfehlen, da die Sauce dann ein breiiges Aussehen erhält. Rahmsaucen passen auch zu kurzgebratenem wie Wildschweinfilet, Rückenfilet, zu Kaninchen oder Federwildgerichten.

Helle Saucen

Helle Saucen werden in der guten Gastronomie aus einem hellen Grundfond auf der Basis von Kalbsknochen, Hühnerfleisch (Suppenhuhn), Gemüsebrühe und Weißwein angesetzt. Bei hellen Saucen zu Fischgerichten wird Fischfond anstatt Kalbsknochen und Hühnerfleisch verwendet. Beim hellen Grundfond werden im Gegensatz zum braunen Wildfond die Kalbsknochen und das Suppenhuhn oder das Hühnerklein nicht geschmort, sondern in kaltem Wasser angesetzt und bei geringer Hitze geköchelt. Diesen hellen Grundfond benötigt man bei Wildgerichten nicht.
Bekannte helle Saucen sind Kapernsauce zu Königsberger Klopse, die Weißweinsauce mit Safran zu Zander und Hecht und die Currysauce z. B. zu Krustentieren.

Brombeeren, Äsungspflanzen für Wildtiere

Hubertus-Suppe

ZUTATEN
für 5-6 Teller à 200 ml

0,5 kg	gekochtes Wildbret aus der Keule (es eignen sich alle heimischen Schalewildarten)
1 Bund	Suppengrün
1 l	brauner Wildfond
je 200 ml	Portwein und Rotwein
100 g	Speck
2 EL	Öl
1	Zwiebel
1	Knoblauchzehe
1 EL	Tomatenmark
2	Möhren
1/2	Stange Lauch
1/4	kleine Knolle Sellerie
1	große Kartoffel
1	kleine Dose rote Bohnen oder frische grüne Bohnen
	Salz, Pfeffer, Muskat, Basilikum, Majoran, Curry
	Petersilie zum Garnieren

ZUBEREITUNG

1. Wildfleisch in kaltem Wasser aufsetzen, grob geschnittenes Suppengrün und Wasser zugeben und ca. 2 Stunden köcheln lassen. (Im Schnellkochtopf reichen 30 Minuten)

2. Wildfleisch entnehmen, erkalten lassen und in max. 1cm große Würfel als Fleischeinlage schneiden und in einem separaten Topf beiseitestellen.

3. Wildfond mit je 200 ml Rotwein und Portwein versetzen und auf etwa 2/3 der Ausgangsmenge reduzieren. In der Zwischenzeit die weiteren Zubereitungsschritte durchführen.

4. Klein gewürfelten Speck in Öl anrösten, Zwiebeln und Knoblauchzehe kleingehackt dazu geben und goldgelb dünsten, etwas abkühlen lassen und zu dem Fleisch in dem Topf geben.

5. Klein geschnittene Möhren, Lauch, Sellerie und Kartoffel und Bohnen einzeln bissfest garen und ebenfalls zu dem Fleisch geben. Sollten Dosenbohnen verwendet werden, entfällt für diese das Garen.

6. Alle Zutaten in dem Topf in etwas Gemüsebrühe erhitzen und warmhalten.

7. Die zwischenzeitlich reduzierte Suppenbrühe salzen und pfeffern und mit den restlichen Gewürzen abschmecken.

8. Mit einem kleinen Schöpflöffel die Fleisch- und restlichen Suppeneinlagen aus der Gemüsebrühe entnehmen und gleichmäßig auf die erwärmten Teller aufteilen.

9. Mit heißer Suppenbrühe auffüllen, garnieren und zügig servieren.

> **ANMERKUNG:**
>
> Die Suppe kann mit Petersilie garniert in Suppentassen oder in tiefen Tellern serviert werden. Dabei darauf achten, dass eine gleichmäßige Verteilung der Suppeneinlagen erfolgt.

Fasanenconsommé mit Fasanenklößchen

ZUTATEN
für 10 Portionen/Teller

2	Fasane
1 Bund	Suppengrün
1 Bund	Schnittlauch
1	Zwiebel
3 Blatt	Lorbeer
1 Bund	Rosmarin
8	Pimentkörner
8	Wacholderbeeren
2 l	Wasser
100 ml	Portwein
3	Eiweiß
ca. 1,5 l	Gemüsebrühe
150 ml	Sahne
	Olivenöl, Salz, Pfeffer

ZUBEREITUNG

1. Fasanenbrüstchen für die Klößchen aus den zwei Fasanen auslösen.

2. Aus den Karkassen und dem restlichem Fasanenfleisch einen kräftigen braunen Fond herstellen. Fond durch ein Sieb geben und mit Eiweiß klären. Danach durch ein Tuch seihen und mit Salz und Pfeffer würzen. Vorm Servieren erhitzen.

3. Für die Klößchen Fasanenbrust klein schneiden und heruntergekühlt im Mixer mit kalter Sahne, Thymian, Salz, Pfeffer zu einer Farce verarbeiten. Eventuell einige Eiswürfel zur Kühlung zugeben.

4. Aus der Masse mit zwei Teelöffeln kleine Klößchen formen und diese in Gemüsebrühe leicht sieden lassen, bis sie an die Wasseroberfläche aufschwimmen.

5. Erhitzte Suppe in Tassen einfüllen und mit je zwei Klößchen und Schnittlauchröllchen bestreut servieren.

Hasenconsommé mit Eierstich

ZUTATEN für 6-8 Teller

	Zerwirkreste eines ganzen Feldhasen (Knochen, Rippen, Haxen und sonstige Wildbretabschnitte)
500 g	Suppengrün, entspricht einer handelsüblichen Packung
1 EL	Tomatenmark
1 Bund	Schnittlauch
1 EL	Gemüsebrühe, gekörnt
125 ml	Rotwein
125 ml	Portwein
	Bratfett oder Schweineschmalz
	Wildgewürz, Salz, Pfeffer

Eierstich

2	Eier
125 ml	Milch
	Salz, Pfeffer, Muskat

ZUBEREITUNG

Suppe

1. Aus den Zerwirkresten und Knochenabschnitten eines ganzen Feldhasen einen braunen Wildfond herstellen. Diesen Vorgang kann man bereits am Vortag erledigen.
2. Nach dem Erkalten des Fonds Fett abschöpfen und den Fond durch ein Sieb und danach durch ein Küchentuch (früher hat man auch Babywindeln verwendet) passieren.
3. Suppe erhitzen und nach Belieben mit Salz, Pfeffer und Wildgewürzen würzen.

Eierstich in der Mikrowelle

1. Eier und Milch in einer Schüssel aufschlagen, würzen und in eine gefettete Auflaufform einfüllen.
2. In der Mikrowelle mit etwa 500-600 Watt 4 Minuten stocken lassen.
3. Nach dem Erkalten die Eimasse stülpen und in quadratische Würfel schneiden.

> **ANMERKUNG:**
> Suppe in Tassen oder in tiefe Teller füllen und mit Eierstichwürfeln und Schnittlauchröllchen garniert servieren!

Kürbis-Süßkartoffelsuppe mit Ingwer

ZUTATEN für 8-10 Teller

1	Hokkaido- Kürbis, etwa 1 kg
2	Süßkartoffeln
2	mittelgroße Speisekartoffeln
1	große Möhre
1	Zwiebel
20 g	Ingwerwurzeln
1	Knoblauchzehe
1 EL	Gemüsebrühe, gekörnt
	Salz, Cayennepfeffer, Zucker

ANMERKUNG:
In Suppentassen mit einer Sahnehaube und Schnittlauchröllchen servieren!

ZUBEREITUNG

1. Kürbis mit einem großen Messer vierteln und mit einem Esslöffel Mark und Kerne auskratzen, mit dem gleichen Messer die Kürbisviertel schälen und in etwa 3 cm große Würfel schneiden.

2. Süß-und Speisekartoffeln sowie die Möhre schälen und ebenfalls in Würfel oder Scheiben schneiden.

3. Kürbisfleisch zusammen mit den Kartoffeln und der Möhre, der kleingeschnittenen Zwiebel und dem gepressten Ingwer in einem Topf mit etwa 2 Liter Wasser mit der zugegebenen Gemüsebrühe bei mittlerer Hitze 30 Minuten garen, dabei öfters umrühren.

4. Suppe pürieren und mit Salz und Cayennepfeffer vorsichtig würzen.

Tipp
Mit Wasser kann eine zu dicke Konsistenz, mit hellem Saucenbinder eine zu flüssige Konsistenz, verändert werden!

Wildfond, Saucen und Suppen

Pilze in der Jägerküche

Die waldreiche Landschaft im Saarland mit ausgedehnten Buchen- und Eichenwäldern bietet den idealen Lebensraum für Steinpilze, Stockschwämmchen, Pfifferlinge, Hallimasch und viele weitere Arten. Sehr oft schon endete ein Morgenansitz auf Rehwild mit anschließendem Pirschgang an bekannte Pilzstandorte mit einem erfolgreichen Abschluss. In dem Rucksack befand sich zwar nicht der erwartete Bock, aber eine schmackhafte Pilzmahlzeit. Die Mehrzahl der häufigsten essbaren Pilzarten findet man in den Monaten August bis Ende Oktober. Stockschwämmchen, Sommersteinpilze und Pfifferlinge findet man bereits im späten Frühjahr bzw. im Sommer. In den Wintermonaten sind gelblichweiße bis dunkelblaue Austernseitlinge an Totholz von Buche und Eiche zu finden. Alle genannten Pilzarten eignen sich als Zugaben zu Wildsaucen oder als separate Pilzvorspeisen und insbesondere als Suppen in Wildmenüs. Das vorgestellte Pilzsuppenrezept wird mit den würzigen Stockschwämmchen angerichtet, da dieser Waldpilz über einen längeren Jahreszeitraum an Baumstümpfen von Laubholz in beachtlichen Mengen gefunden werden kann.
Allerdings Achtung: Stockschwämmchen können mit dem seltenen, aber giftigen Gesäumten Häubling (Nadelholzhäubling) verwechselt werden, der meist an Nadelholz wächst, einen silbrigen Stiel besitzt und nach Mehl riecht. Stockschwämmchen dagegen riechen angenehm und haben einen dünnen Stiel, der unterhalb der Manschette (Hutrandrest) eine dunkelbraune Färbung besitzt und mit Schuppen besetzt ist. Wem die Verwechselungsgefahr zu groß erscheint, kann diese Suppe auch mit Steinpilzen, Nelkenschwindlingen, Hallimasch oder Champigons zubereiten.

Nelkenschwindlinge sind ebenfalls würzige Suppenpilze

Waldpilzsuppe

ZUTATEN
für 4-6 Suppentassen à 200 ml

350-400 g	Stockschwämmchen oder andere Waldpilze
3	Schalotten
2 EL	Schinkenwürfel
30 g	Butter
1 EL	Mehl
400 ml	Wildfond
400 ml	Gemüsebrühe, gekörnt
200 ml	Weißwein
1	Eigelb
20 ml	Sahne
	Salz, Pfeffer, Muskat
	Kräuter zum Garnieren (Petersilie, Kerbel, Liebstöckel)

ZUBEREITUNG

1. Bei den Stockschwämmchen die Stiele entfernen, Hüte putzen und waschen und in kleine Stücke schneiden.
2. Die kleingeschnittenen Schalotten und die Schinkenwürfel in Butter glasig werden lassen, Pilze zugeben und etwa 1o Minuten braten.
3. Mehl einsieben und mit Pilzen leicht braun werden lassen, dabei mehrmals rühren.
4. Wildfond, Gemüsefond und Wein zugeben und 30 Minuten köcheln lassen.
5. Suppenflüssigkeit durch langsames Zugeben einrühren.
6. Eigelb und Sahne in einem Gefäß verquirlen und mit einem Löffel etwa 30 ml (3 EL) der Suppenflüssigkeit durch langsames Zugeben einrühren.
7. Diese homogene Sahne-Eigelb Flüssigkeit unter Rühren in die Suppe geben. Die Suppe darf dann nicht mehr kochen.
8. Mit Salz, Pfeffer, Muskat und wer sich nicht scheut, mit Maggi würzen.

Wildfond, Saucen und Suppen

ANMERKUNG:
Suppe in Tassen einfüllen und mit Petersilie garniert servieren!

Vorspeisen, Salate, Innereien

Bergbaulandschaften an der Saar, Quierschied und Ensdorf

Gruß aus dem Wald

Birkenpilz

In Anlehnung an den aus der Gastronomie bekannten „Gruß aus der Küche" wurde dieses kleine Schmankerl „Gruß aus dem Wald" genannt.

ZUTATEN
für 6 Auflaufschälchen à 100 ml

6	gehäufte EL Waldpilze
2	Eier
1	Eigelb
1	Becher geschlagene Sahne (150-200 g)
2	Schalotten
50 g	Speckwürfel
	Salz, Pfeffer, Muskat, Maggiwürze
6 TL	Petersilie, kleingehackt
	Bratfett

ZUBEREITUNG

1. Nach Möglichkeit kleine Waldpilze verwenden oder Pilze in etwa 0,5-1 cm große Stücke schneiden.
2. Schalotten und klein geschnittene Speckwürfel in Bratfett anschwitzen und Pilze zugeben, mit Salz, Pfeffer und Muskat würzen (etwas Maggi!).
3. Pilze mit Speckwürfel und Schalotten auf die sechs Auflaufschälchen verteilen.
4. Eier verquirlen und geschlagene Sahne unterheben.
5. Ei-Sahnemasse mit Petersilie vermengen und zu den Pilzen geben, Flüssigkeit sollte bis etwa 1 cm unter dem oberen Rand der Schälchen stehen. Die gesamte Einfüllmasse in den Schälchen vermengen (homogenisieren).
6. Bei 120 °C 25 Minuten im Backofen goldgelb stocken lassen.

Tipp
Schälchen auf einem passenden Unterteller als Amuse-Gueule servieren!

Vorspeisen, Salate, Innereien

Gruß aus der Jägerküche

Die Ringeltaubenbrüstchen werden in Bratfett rosa gebraten. Dazu benutzt man am besten ein digitales Fleischthermometer zur Feststellung der Kerntemperatur von 53-56 °C. Feigensenf gibt es in Gläsern oder Tuben im Handel.

ZUTATEN
für 4-6 Portionen

2	Taubenbrüstchen rosa gebraten und erkaltet
4 EL	Feigensenf rot oder gelb
	Meersalz, bunter Pfeffer
	als Garnitur z.B. Petersilie oder Blüte einer essbaren Blütenpflanze

ZUBEREITUNG

1. Als Gruß aus der Jägerküche zu Beginn eines Wildmenüs 4-5 dünne Scheiben der kalten Taubenbrüste auf einem flachen Tellerchen, einer Schieferplatte oder einem rustikalen Holzbrett mit einem Esslöffel Feigensenf anrichten.
2. Mit Meersalz und grobem Pfeffer kräftig würzen

Tipp

Vor Mehrgänge-Wildmenus als „Gruß aus der Jägerküche" präsentieren!

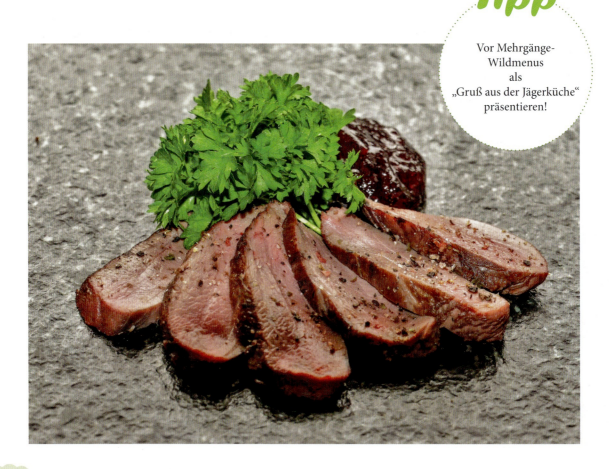

Carpaccio vom Reh- oder Rotwild an Feldsalat

ZUTATEN
für 6 Personen

Carpaccio
250-300 g	Reh- oder Hirschrücken
50-60 g	gehobelter Parmesan oder anderer Hartkäse
100 g	Feldsalat oder Feldsalat/Ruccola-Gemisch

Vinaigrette
für Carpaccio (ca. 50-60 ml)

10 ml	Weinessig
2 EL	Dijonsenf
3 TL	flüssiger Honig
5 EL	Olivenöl
	Salz, Pfeffer

ZUBEREITUNG

Carpaccio

1. Zuerst Vinaigrette für Carpaccio mit allen Zutaten in einem Gefäß mit dem „Stabmixer" pürieren.
2. Hirschrückenfilets in leicht angefrorenen Zustand in dünne Scheiben schneiden. Pro Teller sollen etwa 4-6 dünne Filetscheiben angerichtet werden.
3. Filetscheiben zwischen zwei Klarsichtfolien plattieren und Oberseite mit Vinaigrette bepinseln.
4. Die Filetscheiben mit eingepinselter Seite nach unten auslegen (etwa 1/4 des Tellers bleibt frei für den Feldsalat)
5. Filets nun auf der zweiten Seite, die jetzt oben liegt, mit Vinaigrette einpinseln.

Feldsalat

Feldsalat mit einer Vinaigrette auf Walnussbasis mit Speckwürfeln anrichten und auf den Tellern verteilen. Andere Vinaigrette-Varianten sind möglich.

Feldsalat

Feldsalat, im Saarland auch Mausohr genannt, war früher ein typischer Wintersalat. Er wurde in den Hausgärten als Nachfrucht im Frühherbst gesät und konnte als winterharte Pflanze bis ins Frühjahr genutzt werden. Heute ist der Feldsalat das ganze Jahr über im Handel erhältlich und in der Gastronomie in Salatmischungen und als Garnitur zu Fleisch- und Fischgerichten eine beliebte Zugabe.

Die dabei eingesetzten Salatsaucen, in der Küchensprache auch Vinaigrette oder Dressing genannt, können je nach Geschmack und Einsatzgebiet stark variieren. Meist sind es Öl-Essig-Gemische, die mit Senf, Honig, Sahne, Früchten und Gewürzen zu sämigen Emulsionen aufmontiert werden.

Einige Beispiele für solche Salatsaucen sind nachfolgend beschrieben.

Mengenangaben:
1 TL = 3 ml
1 EL = 10 ml

Kräuter-Vinaigrette

ZUTATEN

40 ml	Olivenöl
10 ml	Weißweinessig
60 ml	Brühe
2	kleingewürfelte Schalotten
je 1 EL	Schnittlauch und Petersilie, kleingeschnitten
	Salz, Pfeffer, Zucker

ZUBEREITUNG

1. Olivenöl, Weinessig und Brühe in einer Schüssel verrühren.
2. Schalotten zugeben und mit den Gewürzen und Zucker abschmecken.
3. Kräuter in Vinaigrette einrühren und mit Schneebesen kräftig aufschlagen; man kann die Mischung der Vinaigrette auch in einem Glas mit Schraubverschluss oder in einem speziellen Messbecher für Salatdressings mischen.
4. Salat waschen, in Salatschleuder trocknen und auf den Tellern anrichten.
5. Vinaigrette über Röschen des Salates träufeln.

Walnuss-Vinaigrette

ZUTATEN

50 g	Speck, durchwachsen, klein gewürfelt
20 ml	Rotweinessig
40 ml	Wasser
80 ml	Walnussöl
	Salz, Pfeffer

ZUBEREITUNG

1. Speckwürfel in einer heißen Pfanne goldgelb braten und separat warmhalten.
2. Alle übrigen Zutaten in einer Schüssel mit Schneebesen gut vermengen (geht auch in einem Glas mit Deckel).
3. Mit den Gewürzen abschmecken.
4. Salat waschen, in einer Salatschleuder trocknen und auf den Tellern anrichten.
5. Vinaigrette über Röschen des Salates träufeln.
6. Speckwürfel auf dem Salat und als kleine Garnitur auf den Tellern verteilen.

Honig-Senf-Vinaigrette

ZUTATEN

1 TL	flüssigen Waldhonig
1 TL	mittelscharfer Dijonsenf
100 ml	Olivenöl
	Saft einer Orange
	Salz, Pfeffer

ZUBEREITUNG

1. Alle Zutaten in einer Schüssel mit Schneebesen gut vermengen (geht auch in einem Glas mit Deckel) und mit Gewürzen abschmecken.
2. Salat waschen und mit Salatschleuder trocknen und auf den Tellern anrichten.
3. Vinaigrette über die Röschen des Salates träufeln.

Himbeer-Vinaigrette

ZUTATEN

100 g	Himbeeren, davon 50 g für Garnitur
20 ml	Himbeeressig, alternativ Weißweinessig
1 TL	Honig
1 EL	Senf
80 ml	Rapsöl
	Salz, Pfeffer, Zucker

ZUBEREITUNG

1. Die Hälfte der Himbeeren durch ein Sieb streichen.
2. Alle Zutaten mit dem Himbeerpüree in einem Behälter mit Spritzschutz pürieren.
3. Mit Salz, Pfeffer und Zucker abschmecken.
4. Salat waschen, mit Salatschleuder trocknen und auf den Tellern anrichten.
5. Vinaigrette über die Röschen des Salates träufeln.
6. Die fertig angerichteten Teller mit den verlesenen Himbeeren garnieren.

Löwenzahnsalat saarländische Art

Löwenzahn ist in saarländischen Küchen im Frühjahr seit je her ein beliebter Frühlingssalat. Im Volksmund wurde er auch als „Bettseicher" aus dem Französischen „Pis-en-lit" bezeichnet. Der grüne Löwenzahn wurde im zeitigen Frühjahr in Wiesen mit einem alten Küchenmesser gestochen und nach dem Waschen und Putzen als preiswerte Beilage zu vielerlei saarländischen Gerichten zubereitet. Je nach Region sind sehr unterschiedliche Zubereitungsarten bekannt.

Mein Rezept kombiniert die mir aus meiner Familie bekannten Zubereitungen zu einem kräftigen Vorspeisensalat, der in der heimischen Gastronomie zum Teil mit Feldsalat kombiniert angeboten wird.

ZUTATEN
für 4 Personen

- 500 g grüner Löwenzahn, wenn möglich frisch gestochen
- 125 g Speckwürfel

Dressing

- 1 mittelgroße Zwiebel oder 2 Schalotten
- 1 Knoblauchzehe
- 1 EL mittelscharfer Senf
- 100 ml Sonnenblumenöl
- 100 ml Sahne
- 2 Scheiben Toastbrot
- 2 hartgekochte Eier
- Salz, Pfeffer

ZUBEREITUNG

1. Löwenzahn von den Wurzeln und anhaftenden Bodenresten der Wiese befreien und in einer großen Schüssel mehrmals waschen. Grashalme und Fremdkräuter entfernen.
2. Jede Pflanze mit einer Hand als Bund greifen und die Blätter etwa 1 cm über der Wurzel abschneiden.
3. Zu große Außenblätter in etwa 5-10 cm große Stücke schneiden.
4. Den so vorbereiteten Salat nochmals waschen und einzeln verlesen, um sicher alle Schmutzpartikel und Fremdpflanzen zu beseitigen.
5. In einer Schüssel aus den kleingeschnittenen Zwiebeln, dem gepressten oder sehr klein geschnittenen Knoblauch, dem Senf, dem Öl, der Sahne und dem gekochten Eigelb ein Dressing aufschlagen und mit Salz und Pfeffer würzen. Das Eiweiß wird in kleine Würfel geschnitten für die Garnitur benötigt.
6. Zuerst die Speckwürfel in einer Pfanne mit etwas Öl anbraten und dann die gewürfelten Toastscheiben zugeben und goldgelb fertig rösten.
7. Den geputzten Löwenzahn in einer großen Schüssel mit dem Dressing gut vermischen.
8. Da der Löwenzahn sehr schnell „absäuft" (verwässert), direkt auf den Tellern anrichten.
9. Mit den Speckwürfeln, dem klein gewürfelten Eiweiß und den Toastcroutons garnieren.

Linsensalat/ Linsengemüse

ZUTATEN
Zutaten für 4 Personen

100 g	rote Linsen
2	Schalotten
50 g	Möhren
50 g	Staudensellerie
2	Frühlingszwiebeln
1	große Fleischtomate
150 g	säuerlicher Apfel (z.B. Boskop, Jonathan)
ca. 2 EL	Weinessig
2 EL	Olivenöl
1 TL	Zucker
	Salz, Pfeffer

ZUBEREITUNG

1. Linsen nach Herstellerangaben einweichen.
2. Schalotten, Möhren, Staudensellerie und Frühlingszwiebeln in kleine Würfel schneiden und in Olivenöl anschwitzen.
3. Gemüse mit Linsen separat bissfest kochen und in eine Schüssel geben.
4. Kleingeschnittene Apfelwürfel, Weinessig und Zucker zugeben und mischen.
5. Tomate gegenüber dem Stielansatz über Kreuz einritzen, in kochendes Wasser geben bis Haut einreißt, danach in kaltem Wasser abschrecken und enthäuten, mit einem Löffel Kerne entfernen und in Würfel schneiden.
6. Tomatenwürfel zu den Linsen geben, vorsichtig mischen und mit den Gewürzen abschmecken.

ANMERKUNG: Der Linsensalat kann als pikanter Salat zu Gegrilltem oder warm zu Federwildgerichten serviert werden!

Kleines Jägerrecht: Herz, Leber, Nieren von Reh- oder Schwarzwild

Das kleine Jägerrecht gebührt demjenigen, der das Wild aufbricht! Meist ist dies auch der Erleger des Wildes.

Tipp
dazu passen z.B. Stampfkartoffeln oder Reis mit saftigem Bauernbrot, z.B. Roggenbrot auf Sauerteigbasis!

Vorspeisen, Salate, Innereien

ZUTATEN
für 4 Personen

1 kg	Herz, Leber, Nieren von Reh- oder Schwarzwild
2	Zwiebeln oder 4 Schalotten
1 EL	Senf
100 ml	Sahne
1 TL	Gemüsebrühe, gekörnt
1	Spritzer Balsamico
	Pflanzenfett
	Salz, Pfeffer, Thymian

ZUBEREITUNG

1. Die Innereien getrennt in dünne, 2-3 cm lange Stücke schneiden.
2. Die Zwiebeln in Längsstreifen schneiden und in Bratfett anbraten und warmhalten.
3. Die Innereien einzeln, zuerst die Herzstücke, dann die Nieren und zum Schluss die Leberstücke anbraten, bis an der Oberfläche kein roter Bratensaft mehr sichtbar ist.
4. Gebratene Zwiebeln zugeben und Sahne, Senf und Gemüsebrühe einrühren.
5. Mit Salz, Pfeffer, Thymian und wer möchte, mit einem Spritzer Balsamico (geht auch ohne), abschmecken.

Wildschwein-Leberknödel geschöpft

Wildschwein-Leberknödel kann man in klassischer Knödelform oder geschöpft unter Zuhilfenahme von zwei Esslöffeln herstellen. Die geschöpften Knödel benötigen als Rohmasse nicht die festere Konsistenz der Knödelmasse und sind deshalb auch etwas fluffiger! Ich bevorzuge deshalb für den Hausgebrauch die geschöpften Wildschweinknödel.

ZUTATEN für ca. 60 kleine Knödel

1 kg	Wildschwein-Leber (etwa die Menge bei halbjährigen Frischlingen, adulte Stücke haben Lebern von über 2 kg) Gallengänge weitgehend entfernen
1 kg	gemischtes Hackfleisch vom Hausschwein und Rind
3-4	Brötchen
3	dicke Zwiebeln
25 g	Leberknödel-Gewürzmischung oder selbst herstellen aus Majoran, Thymian, Pfeffer, Piment, Muskat
4	Eier
3 EL	Mehl
ca. 100 g	Semmelbrösel
	Salz, Pfeffer

ZUBEREITUNG

1. Kleingeschnittene Wildschwein-Leber gemeinsam mit Hackfleisch durch kleine Scheibe des Fleischwolfs drehen. Zwiebeln und eingeweichte und ausgedrückte Brötchen können wechselweise mit durch den Wolf gedreht werden. Dies erleichtert das spätere Vermengen der Knödelmasse!
2. Gewürze und Eier zugeben, vermengen und Mehl einsieben. Mit Semmelbrösel bis zur gewünschten Schöpfkonsistenz anreichern. Masse muss mit zwei Löffeln formbar und haltbar sein!
3. Probekloß in siedendem Salzwasser testen!
4. In mehreren Siedegängen in einem großen Topf Klöße mit zwei Löffeln schöpfen.
5. Wenn die Klöße aufschwimmen, kurz nachziehen lassen und dann abschöpfen und im Backofen warmhalten.

> **ANMERKUNG:**
> Nach dem Auskühlen können überzählige Schöpfknödel auf einem Blech einzeln gefrostet und dann in Portionen vakuumiert im Gefrierschrank bis zu 6-8 Monaten aufbewahrt werden!

Weihnachtsterrine

ZUTATEN für 12 Portionen

1 kg	Rehfleisch aus dem Nacken, Keulen oder Blatt
2	Rehfilets
2	gepökelte Vorderhaxen vom Hausschwein
200 g	Speck
1	halbe Rehleber
ca. 10	Scheiben grüner Speck zum Auslegen der Terrinenform
1	altbackenes Brötchen
2	Eier
3	Schalotten
	Salz, Pfeffer, Öl, Bratfett

Pastetengewürz im Mörser zerkleinert:

15 Teile weißer Pfeffer, 5 Teile Piment, 3 Teile Muskatblüte oder gemahlener Muskat, je 1 Teil Nelke, Lorbeer gemahlen, Majoran, Rosmarin, Salbei, Zimt.

ZUBEREITUNG

1. Vorderhaxen in Brühe weichkochen, wenn nicht schon vom Handel gegart.
2. Rehfleisch mit Speck, Leber (eventuell auch mit gekochtem Herz und Nieren), Vorderhaxen, Zwiebeln und dem eingeweichten und ausgedrückten Brötchen durch den Fleischwolf drehen.
3. Mit 1-2 TL des gemörserten Pastetengewürzes und Salz abschmecken (Probebrätling herstellen!)
4. Pastetenform mit Speckscheiben flächendeckend auslegen und über den Rand überlappen lassen, so dass später die Einfüllmasse oben abgedeckt werden kann.
5. Die Hälfte der Masse in die mit Speck ausgelegte Pastetenform einfüllen.
6. Rundum angebratene Filets wechselseitig einlegen und mit der restlichen Masse auffüllen. *In den Fotos zum Rezept ist die Pastete ohne Filets zubereitet!*
7. Speckscheiben einschlagen, so dass die Fleischmasse komplett überdeckt ist.
8. Pastetenform im Backofen im Wasserbad bei etwa 160 °C 70 Minuten garen.
9. Alternativ kann man die Pastete auch in einem Dampfbackofen (Konvektomat) mit Heißdampf/Heißluft nach Geräteangaben dampfgaren.
10. Im Kühlschrank oder Kühlhaus 2-3 Tage auskühlen lassen.
11. Mit Cumberlandsauce oder Feigensenf und Feldsalat auf einem Vorspiseteller servieren.

Ringelblume *Malve* *Borretsch*

Projekt der VJS-Kreisgruppe Saarlouis: Artenreiche Kulturlandschaft

Wild auf dem Grill/Schwenker

Wild auf dem Grill kann in oder auf unterschiedlichen Grillgeräten zu leckeren Wildgerichten verarbeitet werden. Typisch sind Drehgrills zum Beispiel für Rollbraten und die Sau am Spieß, Elektro- und Gasgrills, Holzkohlengrills, Kugelgrills und Smoker. Im Saarland ist der Schwenker seit mehreren Jahrzehnten in fast allen Haushalten und bei Vereinen im Einsatz.

Bei geselligen Anlässen, wie Sportfesten, Sommerfesten, Weihnachtsmärkten, Musikveranstaltungen, Firmen- und Vereinsfesten, Partys, Geburtstagen oder einfach nur nach Feierabend im Hausgarten wird das Schwenken als Kult gepflegt. Die Grillsaison findet im Saarland das ganze Jahr über statt. Traditionell kommen rote und weiße Rostwürste, Lyoner, Schwenkbraten aus dem Schweinenacken oder Schweinerücken und Schaschlik-Spieße und vielerlei Varianten auf den Schwenkgrill. In diesem Wildkochbuch soll nur diese saarländische Grillvariante betrachtet werden. Weitergehende Literatur zum Grillen von Wild mit den anderen Grillgeräten gibt es zu Hauf. Seit einigen Jahren finden zunehmend Wildbratwürste, Wildburger, Wildfleischkäs und Wildschweinnackensteaks Verwendung beim Schwenken. Bei Wildmetzgereien und Wildverarbeitungsbetrieben werden hierzu Grillprodukte angeboten. Die örtlichen Jäger lassen verstärkt ganze Stücke Schwarz- und Rehwild zu solchen Produkten verarbeiten. Die Landesjagdverbände im DJV haben in Zeitschriften und Broschüren und mit Veranstaltungen in der Öffentlichkeit zur vermehrten Wildbretverwertung beigetragen.

Wildgrillwochen der VJS

Im Jahre 2019 hat auch die VJS an verschiedenen Orten im Saarland unter dem Thema „Wild auf Wild" mit Unterstützung der Wildverarbeitungsbetriebe, der Politik und des Ministeriums für Umwelt und Verbraucherschutz Wildgrillwochen durchgeführt. Die Eröffnungsveranstaltung fand am „Tag des Jagdhundes" in Neunkirchen-Menschenhaus statt und endete drei Wochen später mit einem Grillstand der Jäger während des Bauernmarktes auf dem St. Johanner Markt in Saarbrücken.

Beginn der Wildgrillwochen in Neunkirchen-Menschenhaus am 26.05.2019

Wildbret für den Schwenker?

Alle Schalenwildarten können grundsätzlich beim Grillen/Schwenken Verwendung finden. Im Wesentlichen werden Schwarzwild, Rot- und Damwild sowie Rehwild zu Grillgerichten verarbeitet. Das Wildbret von Hasen, Kaninchen und Federwild eignet sich nicht so gut auf dem Schwenker und sollte deshalb der traditionellen Küche vorbehalten bleiben.

Neben den bereits genannten Wildbratwürsten und Wildburgern (Frikadellen) sind Steaks, Grillspieße und Schaschliks aus dem Rücken der Schalenwildarten und Nackensteaks von Schwarzwild besonders geeignet. Aus den Ober- und Unterschalen der Schalenwildarten lassen sich auch Grillschnitzel schneiden. Bei diesen Schnitzeln aus der Keule empfiehlt es sich, das Wildbret sehr dünn gegen die Faser zu schneiden und eventuell mit einem Fleischklopfer zu bearbeiten.

Marinaden, Saucen und Beilagen

Öl-Kräuter-Marinade

ZUTATEN für etwa 250 ml Marinade

250 ml	Avocado-Öl
je 2 EL	Rosmarin, Thymian und Oregano
2 TL	Knoblauch, granuliert Salz, Pfeffer

Essig-Honig-Ketchup-Marinade (scharf)

ZUTATEN für etwa 250 ml Marinade

100 ml	Avocado-Öl
50 ml	Apfelessig
10 EL	Ketchup
je 1 TL	Honig, Zucker, Tabasco, Knoblauchpulver

ZUBEREITUNG

Für beide Marinaden: alle Zutaten in einer Schüssel mit Schneebesen aufschlagen oder mit einem Mixer pürieren und mit einem Küchenpinsel beidseitig auf das Grillgut auftragen. Vor dem Grillen mindestens 2-3 Stunden im Kühlschrank oder Kühlhaus einwirken lassen. Die scharfe Essig-Honig-Ketchup-Marinade kann auch während des Grillens oder nach dem Grillen aufgetragen werden.

Beilagen zum Grillen

Eine klassische Beilage zum Grillen ist Kartoffelsalat in verschiedenen Rezeptvarianten. Kartoffelsalat kann kalt oder mit einer Essig-Gemüsebrühe angemacht, warm gereicht werden.
Weitere Salate sind Nudelsalat, Reissalat oder grüne Blattsalate der Saison. Bei der Herstellung von Grillspießen mit Wildbret aus den Rückenfilets, Paprikascheiben und roten Zwiebeln fallen Paprika- und Zwiebelreste an, die zusammen mit kleinen gekochten Kartoffeln eine schmackhafte Beilage ergeben.
Als Vorspeisen bei Grillpartys eignen sich z.B. schichtweise angerichtete Tomaten-Mozzarella-Scheiben, ein Brotaufstrich aus Schmand und Zwiebelsuppe (gemischt) für die unterschiedlichen Flûtes- und Baguettevariationen sowie verschiedene Frischkäse-Häppchen.
Auch Griebenschmalz mit Röstzwiebeln aus dem Flomen des Wildschweins (inneres Bauch- und Nierenfett) hergestellt, passt gut dazu.

Ende der Wildgrillwochen auf dem Bauernmarkt am St. Johanner Markt in Saarbrücken am 15.06.2019

Helm-Knabenkraut *Hummelragwurz* *Brand-Knabenkraut*

Natura 2000-Gebiet Badstube bei Mimbach

Rotwild, Damwild

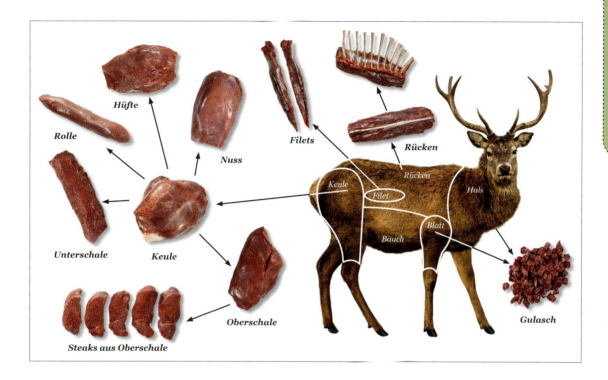

Rotwild und Damwild gehören als echte Hirsche zu den Paarhufern, die von den Jägern auch als Schalenwildarten bezeichnet werden. Der Begriff Schalenwild wird von den Hufen der Tiere abgeleitet, die in der Jägersprache „Schalen" genannt werden. Zum Schalenwild werden auch die im Saarland heimischen Wildarten Rehwild, Schwarzwild und Muffelwild gezählt.

Die größte Hirschart ist das Rotwild, welche im Saarland in etwa 10 Prozent der Jagdflächen, insbesondere im nördlichen Saarland, vorkommt. Die männlichen Tiere werden bis zu 150 kg schwer und tragen imposante Geweihe, die jährlich abgeworfen und dann neu gebildet werden.

Die kleinere Hirschart mit schaufelartigem Geweih kommt im Saarland freilebend in einem begrenzten Lebensraum nördlich der Autobahn A62 vor. Damwild wird auch als Gatterwild in Gehegen gehalten.

Beide Hirscharten leben in Rudelverbänden und benötigen Lebensräume mit strukturreichen Wäldern, Dickungsflächen und Offenlandschaften.

In Forstbeständen können bei zu hoher Dichte und Nahrungsengpässen Wildschäden durch Verbiss von Jungpflanzen und Schälen der Rinde an den etwas älteren Bäumen auftreten.

Rotwild kann im Saarland in der Zeit von Juni bis Januar und Damwild von Juli bis Januar gejagt werden. Die Jahresstrecken im Jagdjahr 2018/19 betragen bei Rotwild 129 und bei Damwild 152 Stücke.

Zu Schmor und Bratengerichten kommt in der Küche überwiegend Wildbret von den Keulen, dem Nacken und den Blättern zum Einsatz. Der Rücken und die Filets werden zu kurzgebratenen Gerichten verwendet. Aus dem Rücken lässt sich auch ein vorzügliches Carpaccio zubereiten.

Die Rezepte sind für beide Hirscharten und Rehwild verwendbar.

Hirschroulade

ZUTATEN
für 4 Personen

4	Rouladen aus der Ober- oder Unterschale, ca. 150 g/Stück

Für die Füllung:

8	Scheiben Bacon
3	Zwiebeln
6	Gewürzgurken
ca. 50 ml	mittelscharfer Senf
1 Bund	glatte Petersilie
	Rapsöl, Salz, Pfeffer

Für die Soße:

250 ml	Rotwein
250 ml	brauner Wildfond
1	Gemüsezwiebel
250 g	Sellerie
2	Möhren
1	Stange Lauch
2 EL	Tomatenmark
1 TL	Fleischbrühe Extrakt
8 Wachholderbeeren, 3 Lorbeerblätter (im Tee-Säckchen)	
80 g	Butter
1 TL	Paprikapulver, scharf
	Zucker, Salz, Pfeffer

ZUBEREITUNG

1. Die Innenseite der Rouladen mit Salz und Pfeffer würzen und großzügig mit Senf bestreichen.
2. Mit je zwei Scheiben Bacon belegen, grob gewürfelte Zwiebeln auftragen und mit zwei Streifen Gurken längs belegen und mit Petersilie überstreuen.
3. Fleischscheiben, wenn möglich, seitlich einschlagen und zu Rouladen rollen.
4. Mit Bratschnüren einmal längs und einmal quer zur Roulade binden.
5. Rouladen in Raps-Pflanzenöl-Gemisch rundum stark anbraten bis sie schön braun sind.
6. Fleisch beiseitestellen.
7. Gemüsezwiebel, Sellerie und Möhren würfeln, Lauch in halbe Ringe schneiden und im Bräter dunkel schmoren. Tomatenmark zugeben und weitere 3-5 Minuten schmoren.
8. Angebratene Rouladen zugeben, einen Teil des separat hergestellten Wildfonds nach und nach zugeben und bei kleiner Hitze ca. 2 Stunden köcheln lassen.
9. In der Zwischenzeit eine braune Sauce mit Wildfond herstellen.

Gulasch vom Rotwild

ZUTATEN
für 6 Personen

ca. 1,5 kg	Wildbret (Blatt oder ausgebeinter Nacken vom Rotwildkalb)
1	Zwiebel
150 ml	Rotwein oder Portwein
4-5 cm	Tomatenmark aus Tube
1 TL	Gemüsebrühe, gekörnt
ca. 250 ml	Wildfond
	Bratfett und 2 Bratpfannen
	Salz, Pfeffer, eventuell Wildgewürz
	dunkler Saucenbinder

ZUBEREITUNG

1. Hirschblatt ausbeinen und von Sehnen und Haut befreien; die Haxen kann man mit den Knochen mitbraten und später entnehmen.
2. Ausgebeintes Wildbret in 3-4 cm große Stücke schneiden und in einer Bratpfanne in kleinen Mengen scharf anbraten und portionsweise in die eigentliche Bratpfanne geben und würzen.
3. Klein geschnittene Zwiebel und Tomatenmark zugeben und bei geringerer Hitze mitschmoren.
4. Nach und nach mit Rotwein und Gemüsebrühe ablöschen.
5. Etwa 1,5-2 Stunden im Backofen bei 180 °C oder auf der Herdplatte bei geringer Hitze schmoren.
6. Gewünschte Bissfestigkeit und Zartheit durch Probieren ermitteln.
7. Sauce kann noch mit Brühe, etwas Rotwein und Wildfond gestreckt und vor dem Servieren mit Saucenbinder eingedickt werden.

Rollbraten vom Rotwildkalb

ZUTATEN
für 6-8 Personen

1	Rippenseite mit Bauchlappen eines Rotwildkalbs ohne große Schussverletzung
10	Scheiben Schinkenspeck
10	mittelgroße Gewürzgurken aus dem Glas
ca. 20 ml	mittelscharfer Senf
5	Schalotten
ca. 200 ml	Rotwein
1	Möhre
1	Stange Lauch
1	Zwiebel
1 EL	Tomatenmark
	Salz, Pfeffer, Wildgewürz
	Bratenschnur

ZUBEREITUNG

1. Rippen und Brustbeinknochen mit Ausbeinmesser metzgermäßig entfernen (ausziehen oder vorsichtig herausschneiden). Äußere Haut- oder Fettlagen (Feist) können vorsichtig mit scharfem Ausbein- oder Filetiermesser entfernt werden.

2. Wildbretstück in rechteckige Rollbratenform zuschneiden. Eventuelle Fehlstücke oder Löcher durch die Schussverletzung oder den Ausbeinvorgang können mit den anfallenden Abschnitten überdeckt werden.

3. Gesamte Bauchinnenseite der Rollbratenscheibe mit Salz und Pfeffer kräftig würzen und mit einen Küchenmesser Senf flächig auftragen.

4. Speckscheiben parallel zur längeren Seite des Rollbratens flächendeckend auslegen.

5. Gurken der Länge nach halbieren und entlang der kurzen Seite des Bratens gleichmäßig verteilen, so dass beim späteren Anschnitt des Bratens die Gurken im Querschnitt erkennbar sind.

6. Rollbraten mit Bratenschnur 2-mal der Länge abbinden und über den Querschnitt des Bratens (runder Teil) etwa 10 bis 12 mal einzeln binden. Soweit wie möglich gleich große Abschnitte erzeugen.

7. In einem Bräter mit Pflanzenfett oder Schweineschmalz rundum gut anbraten, eine grob geschnittene Möhre und 1 Stange Lauch in Röllchen geschnitten, die grob geschnittene Zwiebel und das Tomatenmark mitrösten. Danach Lauch zugeben.

8. Der Bratvorgang kann bei mäßiger Temperatur in einer Bratpfanne auf der Herdplatte oder bei 180 °C mit geschlossenem Deckel im Backofen durchgeführt werden. Bratzeit etwa 2-3 Stunden!

9. Während des Bratvorganges mehrfach mit Rotwein und eventuell Wasser ablöschen und am Ende der Bratzeit (Temperaturprobe 75-80 °C mit digitalem Thermometer) mit den Gewürzen abschmecken.

10. Wenn genügend Zeit zur Verfügung steht, Braten abkühlen lassen, aufschneiden und in fertiggestellter brauner Sauce oder im Konvektomat (Gas-Dampfbackofen) vor dem Servieren erhitzen.

Rotwild, Damwild

ANMERKUNG:
Separat hergestellte braune Sauce mit Wildfond und der Bratensauce z. B. mit Zwetschgenmarmelade!

Saarländische Weingegend im Moseltal bei Perl

Kirschblüte mit Biene

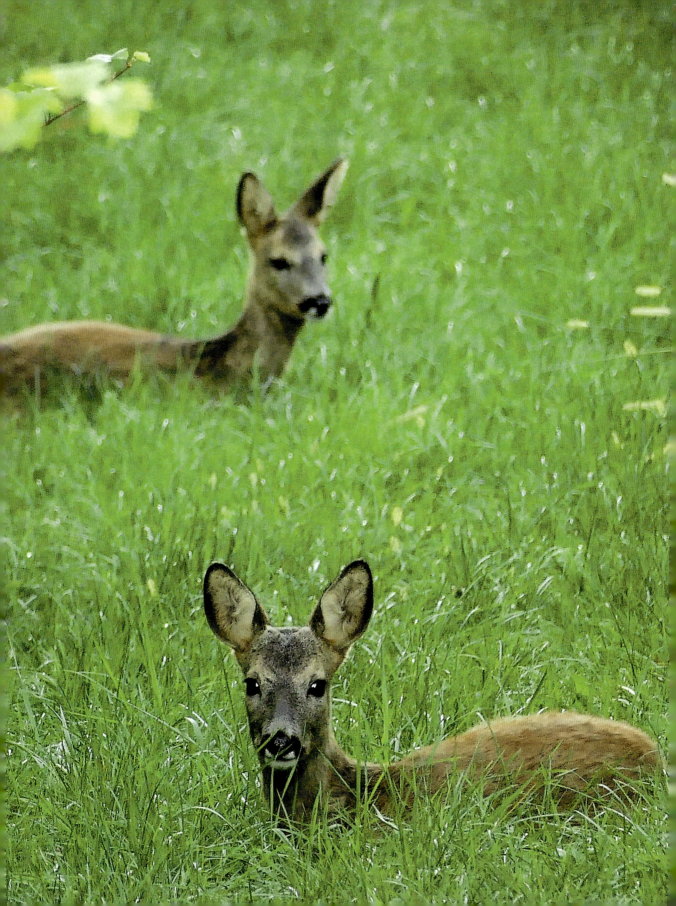

Rehwild

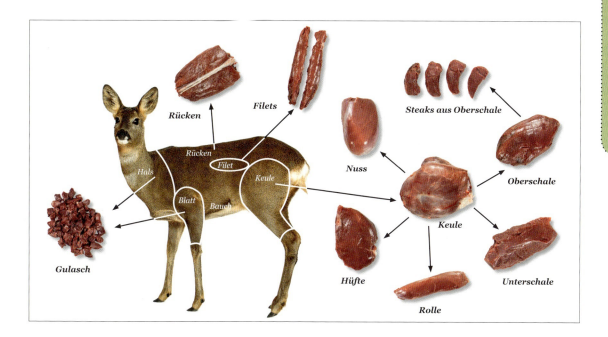

Rehwild kommt in allen saarländischen Revieren als häufigste Schalenwildart vor. Das Reh gehört als sogenannter Trughirsch ebenfalls zu den Cerviden (Hirschen). Die männlichen Rehe tragen ein Geweih, welches in der Umgangssprache der Jäger auch als „Gehörn" bezeichnet wird. Das Gehörn des Rehwildes wird wie bei den Echthirschen jedes Jahr abgeworfen und dann wieder erneuert, der Jäger sagt „geschoben". Ausgewachsene Rehe können Gewichte von über 20 kg (aufgebrochen in der Decke) erreichen. Jugendliche Rehe wiegen zwischen 10-13 kg.
Das Reh als sogenannter Grenzlinien-Bewohner bevorzugt Lebensräume, in denen das ganze Jahr über Äsung und Deckung geboten wird. Solche Flächen mit artenreichen, naturnahen Wäldern, Wiesen, Ackerflächen und Hecken im kleinflächigen Wechsel werden ihm im Saarland in allen Landesteilen geboten.
Das Reh ist im Gegensatz zu den heimischen Hirscharten Rotwild und Damwild ein Einzelgänger, der in kleinen Mutterfamilien (Geiß und Kitz) lebt und nur im Winter größere Trupps, sogenannte „Sprünge", bildet. In großen Feldfluren ohne ausreichende Deckung sind diese Sprünge das ganze Jahr über zusammen. Diese Revierverhältnisse sind im Saarland aber selten.
Als reiner Pflanzenfresser und Nascher, in der Fachsprache auch Konzentratselektierer genannt, bevorzugt es Knospen, Gräser, Kräuter und im Winter auch gerne Blätter von Brombeeren.
Auch das Reh verursacht Wildschäden, insbesondere durch Verbiss an Forstpflanzen.
Rehwild kann im Saarland in der Zeit von Mai bis Januar bejagt werden. Die Jahresstrecke lag im Jagdjahr 2018/2019 bei 9.989 Stück, davon sind 1.140 Stück als Fallwild registriert worden. Die Mehrzahl dieses Fallwildes ist beim Überqueren von Verkehrsstraßen überfahren worden. Dieses Fallwild wird entsorgt und nicht etwa zum Verzehr angeboten.
Das Wildbret von Rehwild wird in der Küche zu Schmorbraten, Schnitzeln, Filets, Gulasch, Kurzgebratenem und zu Gerichten mit Hackfleisch verarbeitet. Besonders beliebt ist der Rehrücken in vielen Rezeptvarianten zu Weihnachten.

Rehblatt am Knochen gebraten

ZUTATEN
für 6-8 Personen

2	Rehblätter ohne Schussverletzung (ca. 2 kg mit Knochen), Haxen sind abgetrennt, werden aber mit Knochen mit geschmort
	Bratfett: Rapsöl und Margarine oder Schweineschmalz
2	große Möhren
4	Schalotten
2	Knoblauchzehen
1	Stängel Lauch (dünn) oder Frühlingszwiebel
100 g	Sellerieknolle oder 1 Stängel Staudensellerie
20 cm	Strang Tomatenmark aus Tube oder 1 kleine Dose
2-3 EL	Marmelade: Holunder, Preiselbeer oder Zwetschgen
150 ml	Rotwein oder Portwein
3-4	Spritzer Balsamico
je 250ml	Gemüsebrühe und Wildfond
	dunkler Saucenbinder
	Salz, Pfeffer, Thymian, Rosmarin, Zimt und/oder Wildgewürz „Wiberg" oder andere Marke

ZUBEREITUNG

1. Die zwei Rehblätter mit Knochen ohne die abgetrennten Haxen salzen und in der heißen Pfanne von allen Seiten anbraten. Danach pfeffern.
2. In Scheiben geschnittene Möhren, halbierte Schalotten, Knoblauch-Zehen, Lauch und Sellerie zugeben und kurz mitschmoren.
3. Brat-Temperatur zurücknehmen, Tomatenmark zugeben und ebenfalls schmoren, eventuell Bratfett nachdosieren.
4. Mit Rotwein oder Portwein nach und nach ablöschen und köcheln lassen, Flüssigkeit in Form von Wasser, Brühe, Fond oder Rotwein nachgießen.
5. Die restliche Gemüsebrühe/Fond, 3-4 Spritzer roter Balsamico und 2-3 Esslöffel Marmelade zugeben.
6. Bei geringer Hitze ca. 2 Stunden schmoren, bis sich Fleisch von den Knochen ablöst (rollt leicht ein).
7. Fleisch entnehmen und im Backofen bei ca. 120° C warmhalten.
8. Sauce mit Saucenbinder binden und mit Gewürzen abschmecken, auch mit Marmelade, Tomatenmark oder Balsamico kann nachgewürzt werden. Ein Längen der Sauce durch Zugabe von Wildfond ist möglich.
9. Fleisch vom Knochen mit scharfem Messer lösen und in tellergerechte Portionen aufschneiden. Sauce getrennt zu Fleisch und Beilagen servieren.

ANMERKUNG:

Dieses Rezept eignet sich auch hervorragend für die Zubereitung eines Wildschweinblattes!

Rehragout

Rehwild

ZUTATEN
für 8 Personen

ca. 2 kg	Rehragout aus Nacken (Oberrücken) und Keulenmuskel (Edelgulasch)
100 g	geräucherter Speck
	Öl, Butter
10	Schalotten, 2 Knoblauchzehen, 2 Möhren, 1 Stängel Lauch, 100 g Knollensellerie
250 ml	Wildfond
250 ml	Rotwein
5 EL	Tomatenmark
	2 Lorbeerblätter, 2 EL Petersilie, 2 Thymian, 1 TL Rosmarin
	3 EL Zitronensaft, 4 TL Brombeer- oder Holundermarmelade
	Salz, Pfeffer
200 ml	Saure Sahne
	Mehl

ZUBEREITUNG

1. Fleisch in ca. 2 cm große Stücke schneiden und in einer Pfanne in Öl und Bratfett rundum anbraten.

2. Speck (kleine Würfel) in einer getrennten Pfanne kross anbraten, gehackte Knoblauchzehen, Schalotten und Wurzelgemüse zugeben und kurz schmoren und zum Fleisch geben.

3. Gewürze und restliche Zutaten und je ein Schuss Rotwein und Wildfond zugeben und zugedeckt ca. 60-80 Minuten bei 180° C im Backofen schmoren lassen. Dabei die Flüssigkeit kontrollieren und nach und nach Rotwein und Wildfond angießen.

4. Nach dem Schmorvorgang 200 ml saure Sahne angießen und mit dunklem Saucenbinder binden und mit den Gewürzen abschmecken.

ANMERKUNG:

Dazu passen zum Beispiel mit Bärlauchpesto grün eingefärbte Spätzle und Wurzelgemüse wie Möhren/Steckrüben!

Sauerbraten von der Rehkeule

Das Rezept eignet sich für alle Schalenwildarten und kann geschmacklich auch als Rahmbraten oder klassischer Rheinischer Sauerbraten mit Rosinen zubereitet werden. In der hier beschriebenen Variante für Rehwild ist die Sauce mit Brombeer-Holundermarmelade abgeschmeckt. Eine Rehkeule von ca. 2,2 kg reicht für 6-8 Personen.

ZUTATEN

1	Keule ohne Haxe

Marinade

1	Flasche Rotwein
300 ml	Rotweinessig
1	Möhre
1	Stange Lauch
ca. 0,5 kg	Knollensellerie
2	Zwiebeln
1	gestrichener EL Wildgewürz
120 g	Zucker
	Butterschmalz oder Bratenfett
2-3 EL	Tomatenmark
ca. 2 EL	Marmelade
	Salz, Pfeffer
	Saucenbinder

ZUBEREITUNG

1. Gemüse in kleine Würfel schneiden und mit dem Rotwein, dem Rotweinessig, etwa 300 ml Wasser und den Gewürzen eine Marinade herstellen. Die Marinade kurz aufkochen und anschließend abkühlen lassen.
2. Die ausgebeinte Keule ohne Haxe in der Marinade etwa 2-3 Tage im Kühlschrank oder Kühlhaus marinieren. Dabei 1-2-mal wenden.
3. Das Fleisch entnehmen, abtrocknen und beiseitestellen. Die Marinade durch ein Sieb geben. Die Flüssigkeit zur weiteren Verarbeitung auffangen.
4. Die getrennte Gemüseeinlagen mit 2-3 EL Tomatenmark in einer Bratpfanne anrösten.
5. Die marinierte Keule mit Butterschmalz oder Bratfett rundum scharf anbraten. Wenn man den Mittelknochen ausgelöst hat, offene Keule mit einer Bratenschnur fixieren!
6. Bratfleisch, geröstetes Gemüse und ein Teil des Suds zusammen in Backofen bei 180-190 °C und geschlossenem Deckel schmoren.
7. Das fertig gegarte Fleisch entnehmen und warmhalten.
8. Aus dem Bratenfond durch Abschmecken mit Salz, Pfeffer und Zugabe von etwa 2 EL Marmelade die Sauce herstellen. Die gewünschte Konsistenz kann durch Abbinden mit dunklem Saucenbinder erreicht werden.

Tipp

Hierzu passen z.B. Schneebällchen, rohe Klöße oder Semmelknödel mit Broccoli oder Rotkraut!

Rehwild

Rehrücken-Medaillons mit Spargel und Salzkartoffeln

ZUTATEN
für 4 Personen

1	halber Rehrücken filetiert
1	Knoblauchzehe
1	frischer Rosmarinzweig
4	Schalotten oder rote Zwiebeln
	Salz, Pfeffer, Wildgewürz, Bratfett

Vinaigrette für Spargel

je 1	rote und gelbe Paprika
2	hart gekochte Eier
	heller Balsamico, Olivenöl
	Salz, Pfeffer

ZUBEREITUNG

Vinaigrette:
Paprika in kleine Würfel schneiden. Olivenöl, Balsamico, Salz in einer Schüssel mischen, Paprikawürfel und kleingeschnittene Eier zugeben und mit Gewürzen abschmecken.

Medaillons:
1. Rückenfilet in etwa 2 cm dicke Medaillons schneiden mit Salz und Wildgewürz würzen und in Bratfett rundum anbraten.
2. Die Zwiebeln, den Rosmarinzweig und die halbierte Knoblauchzehe zugeben und 5 Minuten mitbraten. Knoblauch und Rosmarin entnehmen.
3. Medaillons pfeffern und mit geschmorten Zwiebeln, Spargel mit pikanter Vinaigrette und Salzkartoffel anrichten.

> **ANMERKUNG:**
> Zubereitung von weißem Spargel und Salzkartoffeln werden als bekannt vorausgesetzt!

Rehfilet mit Champigons und Schalotten

ZUTATEN
für 2 Personen

2	Rehfilets (echte Filets von einem starkem Stück Rehwild)
3-6	Schalotten je nach Größe und Geschmack
1	große Dose Champigons ganze Köpfe, 1. Wahl
100 g	Dörrfleisch oder Schinkenwürfel
	Salz, Pfeffer, Wildgewürz
	Bratfett

ZUBEREITUNG

1. Die zwei Rehfilets würzen und in Bratfett rundum etwa 5-6 Minuten anbraten.
2. Schalotten, Dörrfleisch und Champigons in einer separaten Pfanne goldgelb braten und zusammen mit den Filets in eine Auflaufform geben.
3. 10 Minuten im Backofen bei 100 °C ruhen lassen. Wer es rosa möchte, kann die Zeit im Backofen entsprechend verkürzen (Kerntemperaturmessung)!

Tipp

Entweder als kleiner Snack mit Brot oder als Hauptspeise mit Bratkartoffeln und Salaten servieren!

Maibock in der Kräuter-Nuss-Kruste

Am 1. Mai geht im Saarland die Jagd auf Rehböcke und Schmalrehe auf. Nach einer dreimonatigen Schonzeit auf Rehwild fiebern die Jäger dem Termin zum Aufgang der Bockjagd entgegen. So zieht es die Jäger frühmorgens vor Sonnenaufgang und vor dem Ausschwärmen der Maiwanderer zum Ansitz in die Reviere. Das Wildbret von Maiböcken soll besonders schmackhaft sein, da von diesen seit ein paar Wochen frisches Grün in der Natur aufgenommen wird.
Rehrücken brät man klassisch mit Knochen oder ausgebeint als ganze Filets. Beim Auftragen einer Kruste bereitet das spätere Aufschneiden und Anrichten der Portionen Schwierigkeiten, da die Kruste nicht gut zu schneiden ist und oft zerbröselt oder im Anschnitt unförmig wird. Bei der Zubereitung des Rückens als Medaillons ist das Auftragen einer Kruste aus Kräutern oder sonstigen Mischungen einfacher, da eine flache Bratenfläche belegt wird und ein Aufschneiden entfällt. Geschmacklich gibt es keinen Unterschied zu der klassischen Bratmethode.

ZUTATEN
für 4 Personen

8	Rehmedaillons 3-4 cm dick geschnitten
	Bratfett
	Salz, Pfeffer

Kruste

60 g	Nüsse (30 g Erdnüsse, 30 g Walnüsse)
60 g	Butter bei Zimmertemperatur
60 g	Vollkorntoast leicht getrocknet
1	Eigelb
3	gehäufte EL gehackte Kräuter (Petersilie, Thymian, Rosmarin)
20 g	geriebener Parmesan (kann man auch weglassen)
	Salz, Pfeffer

> **ANMERKUNG:**
> Zu diesem frühsommerlichen Gericht passen Bärlauchknöpfle, grüner Spargel und Portwein-Schalotten mit einer aus dem Bratenansatz, Portwein und Wildfond reduzierten Sauce!

ZUBEREITUNG

Krustenbelag

1. Zuerst den Krustenbelag herstellen, da dieser mindestens 1-2 Stunden im Kühlschrank gekühlt werden muss.
2. Alle Zutaten des Krustenbelags außer der Butter, dem Eigelb und den Gewürzen in einem Mixer (Stabmixer) pürieren.
3. Diese homogene Masse in eine Schüssel geben, Butter und Eigelb zufügen und mit einer Gabel und einem Löffel entlang der Schüsselwandung glattstreichen und mit Salz und Pfeffer kräftig würzen (Geschmacksprobe!).
4. Aus der fertigen Krustenmasse zwischen zwei Klarsichtfolien mit einem Nudelholz, im Saarland „Welljerholz" genannt, zwei kreisförmige Scheiben von 18-20 cm Durchmesser ausrollen.
5. Diese zwei Teigscheiben mit den Folien im Kühlschrank 2-3 Stunden herunterkühlen, hieraus werden später mit einem Speisering (Edelstahl ø 6 cm) 8 Belagscheiben für die Filets ausgestochen.

Filets

1. Aus den parierten Rückenfilets acht Stück 3-4 cm dicke Medaillons schneiden.
2. In der heißen Bratpfanne in Bratfett oder Schweineschmalz auf jeder Seite 3 Minuten anbraten.
3. Filets aus der Pfanne nehmen und einzeln rundum (auch den Rand der Medaillons) kurz anbraten.
4. Filets etwas abkühlen lassen und mit Salz und Pfeffer würzen.
5. Die zwei großen Scheiben des Krustenbelags mit Folien auf ein großes Küchenbrett legen und nach Entfernen der oberen Klarsichtfolie mit Speisering acht Kreise ausstechen.
6. Mit scharfem Messer die untere Folie mit je einem Krustenring ausschneiden und so auf die Medaillons auftragen, dass die Klarsichtfolie nach oben abgezogen werden kann.
7. Die mit dem Krustenbelag flächig bedeckten Filets im Backofen auf der mittleren Schiene unter dem Grill goldgelb backen; dieser Vorgang dauert etwa 4-5 Minuten.

Wildhackbraten von Reh- oder Schwarzwild

ZUTATEN
für 4-5 Personen

1 kg	Wildbret aus Nacken oder Blatt (Wildschwein), natürlich gehen auch Keulenteile
150 g	durchwachsener Speck oder Schweinebauch (nur bei fettarmem Wildbret von Rotwild, Damwild oder Reh)
1	Brötchen im kalten Wasser eingeweicht und ausgedrückt
2	Zwiebeln
2 EL	mittelscharfer Senf
2	Knoblauchzehen
1	große rote Paprikaschote
3 EL	Schnittlauchröllchen
2	Eier
	Salz, Pfeffer, Paprika edelsüß

ZUBEREITUNG

1. Wildfleisch und eventuell Speck mit den Brötchen, Zwiebeln und Knoblauch portionsweise durch die mittlere Scheibe des Fleischwolfs drehen.

2. Eier und Senf und kleingewürfelte Paprika und Schnittlauch unterheben und gut durchkneten. Rohmasse kräftig würzen (Probe-Klößchen braten).

3. In eine Kuchen-Kastenform oder eine geeignete Backform einfüllen und im Backofen bei 180 °C etwa 60 Minuten garen.

4. Brätling aus der Form nehmen oder stülpen, in Scheiben aufschneiden und mit Beilagen servieren.

Tipp

Als Beilagen eignen sich z.B. Bratkartoffeln mit Möhren oder Nudeln mit Salaten der Saison.

ANMERKUNG:

Als Vorspeise mit Salat serviert reicht der Braten für 10-12 Personen!

Wildfrikadellen von Reh- oder Schwarzwild

Tipp

Als Zugaben eignen sich Bratkartoffeln, Stroganoff-Sauce mit Kartoffelstampf und verschiedene Chutney-Mischungen (z.B. Preiselbeer-Chutney)!

Frikadellen kann man von den Hirscharten, von Rehwild oder von Schwarzwild herstellen. Bei den Hirschen und beim Rehwild empfiehlt sich zur Bindung die Zugabe von fettem Schweinehack oder durchgedrehtem grünen Speck.
Das nachfolgende Rezept geht von der Herstellung der Frikadellen aus dem Wildbret eines Schwarzwild-Nackens aus, der einen relativ hohen Fettanteil hat und deshalb keine Zugabe von Schweinehack benötigt.

ZUTATEN

500 g	ausgelöster Nacken (Fleisch aus Blatt geht auch)
2	Zwiebeln
1	Knoblauchzehe
1 EL	scharfer Senf
1	Doppelweck
2	Eier
	Salz, Pfeffer
	je nach Geschmackswunsch Rapsöl, Schweineschmalz oder Bratfett

ZUBEREITUNG

1. Kleingehackte Zwiebeln und Knoblauch kurz anschwitzen und nach kurzem Abkühlen zu dem durch den Fleischwolf (kleine Scheibe) gedrehten Wildhackfleisch geben.

2. Senf, eingeweichten, ausgedrückten Doppelweck und Eier zugeben. Mit Salz und Pfeffer würzen und gut durchkneten. Der ausgedrückte Doppelweck kann auch mit dem Wildfleisch durch den Fleischwolf gedreht werden, ebenso eine zusätzliche Zwiebel.

3. Es empfiehlt sich, vorweg eine kleine Bratenprobe wegen der Bindung und des Geschmackes vorzunehmen!

4. Aus der Bratenmasse handgroße Frikadellen formen und in Bratfett gut durchbraten.

Natura 2000-Gebiet nordwestlich Heinitz/Neunkirchen

Blüte des schwarzen Holunders

Schwarzwild

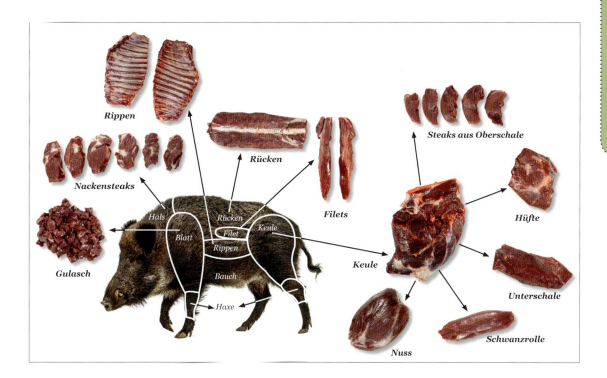

Das Schwarzwild ist nach dem Rehwild die häufigste Schalenwildart im Saarland. Durch die intensivierte Landwirtschaft, durch starke Mastjahre bei Eichen und Buchen und vielfältige menschliche Einflüsse sind die stark gewachsenen Schwarzwildbestände und die damit einhergehenden Wildschäden in landwirtschaftlichen Flächen, in Obstgrundstücken, Streuobstwiesen und zum Teil sogar in Grünflächen innerhalb der bebauten Ortslagen zu einem landesweiten Problem geworden.

Das Schwarzwild hat sich als sozialverträgliches Wild in zum Teil großen Rotten von 20 bis 30 Stück immer mehr Lebensraum in unmittelbarer Nähe zu menschlichen Siedlungsflächen erschlossen. In manchen Großstädten wie Berlin treten sie bereits innerhalb der Stadtrandlagen in Gärten und Parks als Standwild auf.

Als Allesfresser nimmt es pflanzliche Nahrung wie Wurzeln, Pilze, Beeren, Gras und Getreide und hierbei insbesondere Mais auf. Tierische Nahrung wie Regenwürmer, Insektenlarven, Engerlinge und größere Säugetiere wie Mäuse, Junghasen und Fallwild gehören ebenfalls zu seinem Nahrungsspektrum.

Die in den letzten Jahren zunehmenden Schäden in den landwirtschaftlichen Flächen erfordern eine enge Zusammenarbeit zwischen Landwirten und Jägern. Durch Jagdschneisen, abgestimmte Flächennutzung, Elektrozäune und gezielte Drück- und Ansitzjagden können die Schäden in der Landwirtschaft reduziert werden.

Die Jagdstrecken auf diese Wildart haben sich in Deutschland von 2007 bis heute fast verdoppelt und betrugen im Jagdjahr 2018/19 im Saarland 6.831 Stück.

Das Wildbret von Schwarzwild hat einen höheren Fettgehalt als die übrigen Schalenwildarten. Damit eignet sich Schwarzwild auch sehr gut für Grillgerichte, Hackbraten und Frikadellen. Aus dem Rücken lassen sich Schnitzel und Koteletts, aus dem Hals und den Blättern Rollbraten und Schwenkbraten und aus der Keule Schmorbraten und Ragouts zubereiten.

Wildschwein-Gulasch aus dem Nacken

ZUTATEN
für 4-6 Personen

1 kg	ausgebeinter Nacken vom Wildschwein
1	große Zwiebel
1	Möhre
1	Stängel Staudensellerie
1	kleine Dose Champignons 1. Wahl
3 EL	Tomatenmark 3-fach konzentriert
	Bratfett, Rapsöl
1	Spritzer Balsamico
1 TL	Wildgewürz, z.B. von Wiberg
2 TL	Gemüsebrühe, gekörnt
	Salz, Pfeffer, Zucker
250 ml	Rotwein oder Portwein
	dunkler Saucenbinder

ZUBEREITUNG

1. Wildschweinnacken ausbeinen und in etwa 2 cm große Stücke schneiden, dabei Sehnen und überschüssiges Fett abschneiden.
2. Salz und Wildgewürz über Fleischstücke geben und mit den Händen oder zwei Löffeln einarbeiten.
3. Fleischstücke in 2-3 Portionen in heißem Fett-Öl-Gemisch anbraten und pfeffern.
4. Die angebratenen Fleischstücke in eine ausreichend große Pfanne (ø 28 cm) geben und darin bei geringer Hitze weiter schmoren, nach 10 Minuten Tomatenmark und kleingeschnittenes Wurzelgemüse, Champignons und Zwiebeln zugeben und weitere 10 Minuten schmoren.
5. Mit Rotwein ablöschen, Balsamico, Zucker und Gemüsebrühe (gekörnt) zugeben und bei geringer Hitze etwa 1,5 bis 2 Stunden schmoren.
6. Zwischendurch Wasser nachgießen, Fleisch soll schmoren und nicht komplett mit Flüssigkeit bedeckt sein. Garprobe durch Probieren eines Stückes Fleisch!
7. Mit dunklem Saucenbinder abbinden, eventuell nachwürzen, wer es etwas schärfer will, kann auch noch mit Paprika nachwürzen.

> **ANMERKUNG:**
>
> Zu dem Gulasch passen z.B. Nudeln oder Semmelknödel mit Gemüse oder Salaten.
>
> Im vorliegenden Rezeptbeispiel wurden Bandnudeln mit Eisbergsalat serviert!

Wildschwein-Schnitzel aus dem Rücken

ZUTATEN

1 kg	ausgebeinter Wildschweinrücken
	Mehl
	Paniermehl
2	Eier
	Bratfett
	Salz, Pfeffer, Wildgewürz

ZUBEREITUNG

1. Wildschwein-Rücken ausbeinen und von Haut und Sehnen befreien (Parieren).
2. Aus den Rückenfilets etwa 1 cm dicke Schnitzelchen schneiden.
3. Wie bei einem normalen Schweineschnitzel mehlieren und in Ei und Semmelbröseln wenden (panieren).
4. Mit Salz und Pfeffer würzen und in reichlich Bratfett goldgelb braten. Wer einen Buttergeschmack liebt, kann gegen Ende der Bratzeit etwas Butter oder Butaris zugeben.

Tipp

Dazu passen je nach Jahreszeit kleine Kartoffeln mit Spargel oder Bratkartoffeln mit Möhren. Auch Blumenkohl mit Püree ist eine Variante.

Wildschwein-Braten aus der Keule

ZUTATEN
für 4 Personen

ca. 1 kg	Wildschweinkeule (Ober- oder Unterschale oder Nuss, ganzes Muskelstück)
	1 Möhre, 1 Stange Lauch, 1 Stängel Staudensellerie
1	Knoblauchzehe gepresst oder klein geschnitten
2 EL	Tomatenmark
2 EL	Marmelade (z.B. Holunder mit Brombeeren oder Zwetschgen)
100 ml	Rotwein
250 ml	Wildfond
1 TL	Gemüsebrühe, gekörnt
	Salz, Pfeffer, Thymian
	Bratfett

ZUBEREITUNG

1. Ausgebeinter Keulenmuskel von Hautteilen befreien, mit Salz würzen und in Bratfett kräftig anbraten.
2. Wurzelgemüse in Würfel schneiden und mit der Knoblauchzehe kurz mit schmorenlassen.
3. Tomatenmark und Pfeffer zugeben und unter Rühren schmoren, nicht anbrennen lassen.
4. Mit Rotwein und etwas Wildfond ablöschen, Brühe und Marmelade zugeben und bei geringer Hitze etwa 60 Minuten schmoren.
5. Nach und nach restlichen Wildfond und zugeben, mit Salz, Pfeffer und Thymian würzen
6. Garpunkt kann mit Bratenthermometer überprüft werden, je nach Belieben 70-75 °C. Sauce mit dunklem Saucenbinder binden.
7. Fleischscheiben dünn gegen die Faser aufschneiden und servieren.

Tipp

Dazu passen je nach Jahreszeit Salzkartoffeln mit Wirsingbällchen oder Spargel sowie Spätzle oder Semmelknödel mit Gemüsebeilagen!

Wildschwein-Koteletts

ZUTATEN
für 4 Personen

4	Wildschweinkoteletts (Schmetterlingsschnitt) aus dem Rücken oder dem Hals, bei leichteren Stücken bis etwa 25 kg kann man pro Person 2 Koteletts aufschneiden.
2	Eier
	Paniermehl
	Mehl
	Salz, Pfeffer
	Bratfett oder Schweineschmalz
50 g	Butter

ZUBEREITUNG

1. Vier Koteletts (etwa 3 cm dick mit einem Rippenteil in der Mitte) aus dem Rücken mit Messer und Metzgerbeil austrennen.
2. Koteletts mit Salz und Pfeffer kräftig würzen.
3. Koteletts mit Mehl bestäuben, in aufgeschlagenem Ei wenden und in Paniermehl panieren.
4. In reichlich Bratfett rundum braten, etwa 15-20 Minuten bei zurückgenommener Hitze braten.
5. Zum Ende des Bratvorganges noch etwas Butter zugeben.
6. Im Backofen bei 160 °C Umluft etwa 10 Minuten nachziehen lassen.

Tipp

Bei etwa 68-70 °C mit digitalem Bratenthermometer in der Nähe der Rippenknochen gemessen, ist das Kotelett durchgebraten und noch saftig!

Wildschwein-Haxen italienisch

Die Haxen von Wildschwein und Reh sind zusammen mit anderen Wildbretteilen schwierig zu verarbeiten, da sie sehnig sind und durch das kompakte Muskelfleisch beim Braten oft längere Garzeiten benötigen. Meist fallen die Haxen beim Zerwirken von Schwarzwild beim Jäger an, da die Wildbretkunden in der Regel nur die Keule ohne Haxe wünschen, weil sonst das Wildbretstück zu groß wird und Probleme beim Einfrieren bereitet. In diesem Rezept sind deshalb nur Haxen verarbeitet.

ZUTATEN

ca. 500 g	(4 Haxen) vom Schwarzwild
2	Möhren
1	Bund Lauchzwiebeln
ca. 100 g	Staudensellerie
2	Knoblauchzehen
1	Bund Petersilie
1	Dose gehackte Tomaten
2	Zwiebeln
1	Dose Champignons
1	kleine Dose Tomatenmark oder Tomatenmark aus der Tube
500 g	kleine Kartoffeln
1 TL	Senf
	Bratfett
	Salz, Pfeffer, Wildgewürz

ZUBEREITUNG

1. Die Haxen ausbeinen und an den Enden von den Sehnen befreien, dickere Sehnen herausschneiden.

2. In etwa 2 cm große Stücke schneiden und mit Bratfett in einer Pfanne rundum scharf anbraten.

3. Die angebratenen Fleischteile mit etwas Bratfett und Wasser im Schnellkochtopf (!) garen. Fleisch soll gerade mit Flüssigkeit bedeckt sein. Braucht im Schnellkochtopf ca. eine halbe Stunde.

4. Fertig gegartes Fleisch mit etwas Bratenflüssigkeit beiseitestellen.

5. Dazwischen kleine Kartoffeln mit Schale weichkochen (ca. 30 Min.), pellen und ebenfalls beiseitestellen.

6. In einer Pfanne oder im Edelstahl-Bratentopf die kleingeschnittenen Möhren, den Sellerie und danach die Lauchzwiebel kurz anbraten. Die Champignons und das Tomatenmark zugeben und anbräunen, gehackte Tomaten und den kleingehackten Knoblauch und Senf zugeben und kurz aufkochen. Mit Salz, Pfeffer und Wildgewürz würzen.

7. Bratenstücke mit etwas Bratensaft und kleine Kartoffeln zugeben und nochmals erhitzen und abschmecken. Beim Servieren mit Petersilie garnieren!

Wildschwein-Rollbraten aus Rücken und Bauch

Dieses Gericht eignet sich sehr gut für größere Gesellschaften. Insbesondere, wenn man ein Stück Schwarzwild von über 50 kg zu verarbeiten hat. Aus einem Wildschwein erhält man durch die Art der Zerlegung und Herstellung 2 gleich große Rollbraten. Allerdings benötigt man hierzu ein Stück Schwarzwild mit einer geringen Schussverletzung und ohne tiefsitzende Blutergüsse. Die Zubereitung setzt einige Erfahrung beim Zerwirken und küchenfertig machen voraus.

ZUTATEN
für ca. 30 Personen

	Wildschweinrücken mit 2 Bauchteilen und Rippen (Gewicht des aufgebrochenen Stückes 40-50 kg)
2	große Packungen Schinkenspeck
2	dicke Zwiebeln
2	Packungen Suppengrün oder separates Wurzelgemüse
3-4 l	Wildfond
ca. 150 ml	Senf
	Salz, Pfeffer
	Bratenschnur
	Bratfett

Aus einem Stück Schwarzwild dieser Gewichtsklasse erhält man zwei Rollbraten mit je 3-4 kg Bratgewicht. Mit Beilagen reicht dies für etwa 30 Personen.

ZUBEREITUNG

1. Beim Zerwirken müssen je eine Rückenseite mit den zugehörigen Rippen mit Bauchlappen als zusammenhängendes Stück zerlegt werden.

2. Hierzu wird der Rückenstrang links und rechts des Rückenwirbels so ausgebeint, dass mit dem Bauchlappen und den Rippen jeweils ein Rollbratenstück entsteht.

3. Die Rippen müssen entweder metzgermäßig entnommen werden oder das Rippenfleisch wird direkt über den Knochen abgeschärft. Großflächige Lücken in den zwei Rollbratenteilen durch den Ein- und Ausschuss müssen mit anderen Wildbretabschnitten überdeckt werden.

4. Man erhält so zwei Rollbratenteile mit Rückenfilet und Bauch, die noch in eine rechteckige Rollbratenform geschnitten werden müssen.

5. Den von Haut und dickeren Feistteilen befreiten Rollbratenrohling mit Senf flächig einstreichen, mit Salz und grobem Pfeffer gut würzen und die kleingehackte Zwiebel darauf verteilen. Darüber die Schinkenspeckscheiben flächendeckend auslegen.

6. Den belegten Rollbratenlappen (Rückenteil, Rippenfleisch und Bauch), von der Seite des Rückenfilets beginnend, einrollen. Dabei noch etwas Salz und Pfeffer auf die unbelegte Rollbratenseite aufbringen.

7. Das gerollte Bratenstück mit einer hitzebeständigen Bratenschnur wie einen klassischen Schweine- oder Rinderrollbraten vom Metzger binden.

8. In einer rechteckigen Bratenpfanne (Guss oder Alu) rundum anbraten und mit Wurzelgemüse 3-4 Stunden schmoren (Garpunkt 75-80 °C, mit Fleischthermometer überprüfen!).

9. Aus Wildfond und Bratflüssigkeit mindestens 3-4 Liter Sauce herstellen.

Frischlings-Rollbraten in Brombeersauce

ZUTATEN
für 4 Personen

1	Bauch- und Rippenseite (ohne Rücken) eines Frischlings von etwa 30 kg ohne größere Schussverletzung
50 g	Dörrfleisch
2 TL	mittelscharfer Senf
4	Schalotten
1	Knoblauchzehe
	Bratfett
	Bratenschnur
500 ml	Wildfond
100 ml	Rotwein
10 ml	Balsamico Essig rot
1	gehäufter EL Brombeermarmelade
2 TL	Tomatenmark
1 TL	Zucker
	Salz, Pfeffer
1 Zweig	Thymian und Rosmarin
	Saucenbinder dunkel

ZUBEREITUNG

1. Bauch- und Rippenseite eines Frischlings von etwa 25-30 kg metzgermäßig ausbeinen (eventuelle Dünnstellen und Schussverletzungen können mit Wildbretteilen der anderen Bauchseite überdeckt werden).
2. Wildbret in eine rechteckige Rollbratenform zurechtschneiden.
3. 1-2 Schalotten in Würfel schneiden und in etwas Bratfett dünsten und abkühlen lassen.
4. Den Rollbratenrohling mit Salz und Pfeffer würzen, flächendeckend mit Senf bestreichen und mit den erkalteten Schalottenwürfeln und dem Dörrfleisch belegen. Dabei das letzte etwa 5 cm breite Stück des Fleisches (Rollende) freilassen.
5. Rollbraten mit einer hitzebeständigen Bratenschnur längs und quer binden und außen mit Salz und Pfeffer würzen.
6. In einer Bratpfanne in Bratfett rundum anbraten, die restlichen Schalotten, die Knoblauchzehe und das Tomatenmark kurz mitschmoren.
7. Mit Rotwein und etwas Wildfond ablöschen.
8. Den Braten etwa 2-3 Stunden bei geringer Hitze 160-170 °C Umluft im Backofen schmoren. Flüssigkeits- und Kerntemperaturkontrolle!
9. Wenn es einmal schnell gehen sollte, kann man den Bratvorgang unter Zuhilfenahme des Schnellkochtopfs auf 30-45 Minuten verkürzen. Hierzu entnimmt man den Braten aus der Pfanne und schmort ihn mit dem restlichen Wildfond, einem Thymian- und Rosmarinzweig in dem Dampfkochtopf etwa 30 Minuten!
10. Fertig gegarten Rollbraten aus der Pfanne nehmen und warmhalten.
11. Aus dem Bratensaft, dem Wildfond und den Zutaten eine ausreichende Menge braune Sauce herstellen.
12. Braten vorsichtig mit einer Schere von der Bratenschnur befreien und mit Elektromesser oder einem scharfen Fleischmesser aufschneiden.

> **ANMERKUNG:**
> Mit Bandnudeln und Frisée- oder Eissalat servieren!

Natura 2000-Gebiet Weiselberg bei Oberkirchen

Wildackerpflanzen

Feldhase und Kaninchen

Zu den hasenartigen Wildtieren zählen neben dem Feldhasen und dem Kaninchen noch der Alpenschneehase. Im Saarland kommen nur Feldhasen und Kaninchen vor. Sie gehören in ganz Deutschland zum jagdbaren Wild. Feldhasen sind Einzelgänger und bringen ihre 1-5 Jungen pro Wurf in Sassen über der Erde zur Welt. Übers Jahr können die Feldhasen 3-4 Würfe setzen. Hasen sind sogenannte Langstreckenflüchter und leben überwiegend in gras- und kräuterreichen Lebensräumen. Sie sind reine Pflanzenfresser und erreichen ein Gewicht von bis zu 5 kg.

Kaninchen sind gesellig, leben in Kolonien und bringen ihre Jungen in unterirdischen Bauten zur Welt. Sie sind sehr fortpflanzungsfähig und können in bis zu 4 Würfen übers gesamte Jahr etwa 20 überlebensfähige Jungen zur Welt bringen. Wie beim Feldhasen ist die jährliche Überlebensrate sehr stark von den Witterungsverhältnissen abhängig. Das Wildkaninchen ist die Urform unserer heutigen Zuchtkaninchen, die im Saarland fälschlicher Weise auch als „Stallhasen" bezeichnet werden. Sie wurden von den Römern des schmackhaften Fleisches wegen mit in die eroberten Gebiete nördlich und östlich des römischen Kerngebietes gebracht. Vom Aussehen unterscheiden sich die größeren Feldhasen von den Kaninchen durch die Körpermaße, die Löffel (Ohren), die Augenfarbe und die Fellfarbe. Kaninchen erreichen ein Körpergewicht von bis zu 3 kg.

Feldhasen können im Saarland vom 1. Oktober bis 31. Dezember bejagt werden. Da die Jäger den Feldhasen sehr zurückhaltend bejagen, betrug die Jagdstrecke im Jagdjahr 2018/19 im Saarland 129 Stück. Kaninchen können das ganze Jahr über bejagt werden, davon ausgenommen natürlich die zur Aufzucht notwendigen Muttertiere. Die Jagdstrecke betrug für das Jagdjahr 2018/19 im Saarland 31 Stück. Das Wildbret von Feldhasen ist rotbraun und hat ein würziges Aroma, Kaninchenfleisch ist blass-rosa bis weiß, von einer kurzfaserigen Struktur.

Hasenragout ungarisch

ZUTATEN
für 4-6 Personen

1	Feldhase
2	Paprika grün und rot
1	Becher saure Sahne, süße Sahne geht auch
150 ml	Gemüsebrühe
2-3 EL	Tomatenmark
	Salz, Pfeffer, Paprika, Chili

ZUBEREITUNG

1. Feldhase komplett ausgebeint und in 3-4 cm große Stücke geschnitten in Bratfett gut anbraten.
2. Aus den Knochen und Bauchteilen und dem Nacken wird ein brauner Fond für die zusätzliche Sauce hergestellt.
3. Mit Salz, Pfeffer, Paprika edelsüß und etwas Chili würzen.
4. Tomatenmark zugeben und kurz mitschmoren.
5. Nach etwa 30 Minuten in Streifen geschnittene grüne und rote Paprika zugeben, Brühe angießen und etwa 30 Minuten weiter köcheln lassen (Garprobe).
6. Saure Sahne zugeben, abschmecken und nach Belieben mit Saucenbinder verdicken.
7. Separate Sauce aus braunem Fond herstellen, geschmacklich angepasst an Bratensauce.

Hase im Elsässer Baeckeoffe

Der „Elsässische Baeckeoffe" ist ein Gericht unserer französischen Nachbarn im Elsass. Auf den Vogesenfermen auch „Baeckeoffe" genannt, ist es ein Gericht der traditionellen bäuerlichen Küche. Bei Wanderungen über die Höhen und Täler des reizvollen Vogesenmassivs kann man dieses Gericht in ursprünglicher Zusammensetzung mit Rind-, Schweine- und Lammfleisch aus einem speziellen Steinguttopf genießen. Ein gelungener Kochversuch in der Jägerküche mit Wildbret vom Hasen, Wildschwein und Reh hat zur Aufnahme dieses Rezeptes in dieses Wildkochbuch geführt.

Feldhase und Kaninchen

ZUTATEN
für 6-8 Personen

1 kg	Feldhasen-Rücken und -Keulen
500 g	Wildschwein aus dem Nacken
500 g	Reh-Nuss, Unter- oder Oberschale
1,5 kg	Kartoffeln
3	Möhren
2	Stange Lauch
200 g	Sellerie
4	Zwiebeln
2	Knoblauchzehen
4	Stängel Frühlingszwiebel
	3 Lorbeerblätter, 1 Strauß Petersilie, Thymianzweig
1 Liter	Elsässer Riesling
	Salz, Pfeffer, Muskat, Gemüsebrühe, gekörnt

ZUBEREITUNG

1. Fleisch aller Wildarten enthäuten und in etwa 3-4 cm große Stücke schneiden.
2. Fleisch portionsweise in einer Pfanne in Bratfett oder Schweineschmalz rundum anbraten und beiseitestellen.
3. Kartoffeln schälen, waschen und in Scheiben von 3-4 mm Dicke schneiden.
4. Lauch, Sellerie, Möhren und Zwiebeln in Scheiben oder Ringe schneiden.
5. Alle Zutaten in einem Elsässer Steinguttopf (Baeckeoffe-Topf) lagenweise mit dem Fleisch schichten und jede Schicht mit Salz, Pfeffer, etwas Muskat und Gemüsebrühe würzen.
6. Sollte kein Elsässer Baeckeoffe-Topf vorhanden sein, kann man das Gericht auch in einer gusseisernen Pfanne oder einer beschichtetem Alupfanne mit Deckel zubereiten.
7. Ein Liter Weißwein angießen und Lorbeerblätter obenauf legen.
8. Im Backofen bei 180 °C Ober- und Unterhitze ca. 3 Stunden schmoren, dabei nach 2 Stunden Flüssigkeit kontrollieren und eventuell Wasser oder Wein nachgießen.
9. Nach dem Durchgaren abschmecken und eventuell nachwürzen.

> **ANMERKUNG:**
>
> In tiefen Tellern servieren!
> Dazu passen Eissalat, französisches Flûte und Riesling aus dem Elsass!

Kaninchen in Cognac-Rahmsauce

ZUTATEN
für 4 Personen

1	Kaninchen oder Kaninchenteile, ca. 1 kg
4	Schalotten
2	Knoblauchzehen
	Thymian frisch oder gerebelt
1 EL	Tomatenmark
100 ml	Gemüsebrühe
	Bratfett
	Salz, Pfeffer

Zutaten Sauce für 0,5 Liter

5	Schalotten
25 g	Butter
60 ml	Cognac
300 ml	Sahne
100 ml	saure Sahne
200 ml	Fond aus den Zerwirkresten des Kaninchens oder ersatzweise Kalbsfond aus dem Glas
	Saft einer ½ Zitrone
3 EL	geschlagene Sahne
	Salz, weißer Pfeffer
	heller Saucenbinder

ZUBEREITUNG

Kaninchen

1. Kaninchenteile salzen und rundum kräftig anbraten, danach pfeffern.
2. Halbierte Schalotten und Knoblauch zugeben, Hitze reduzieren und Tomatenmark kurz mitrösten.
3. Gemüsebrühe während des Schmorens nach und nach zugeben.
4. Ca. 1-2 Stunden schmoren, hängt vom Alter des Kaninchens ab.
5. Wenn sich Fleisch an den Vorderläufen von den Knochen löst, ist der Garpunkt erreicht.
6. Wer keine zusätzliche Sauce herstellt, bindet diesen Bratenfond mit dunklem Saucenbinder ab und würzt nochmals mit Salz, Pfeffer und Thymian nach.
7. Separate Sauce erhitzen, abschmecken und zusammen mit dem Schmorkaninchen servieren.

Sauce

1. Schalotten schälen, in kleine Würfel schneiden und in Butter anschwitzen.
2. Cognac zugeben und direkt flambieren -**Achtung- Verbrennungsgefahr, da Stichflamme!**
3. Nach dem Abrennen des Alkohols Sahne, saure Sahne und Fond des Kaninchens zugeben und 5 Minuten köcheln.
4. Mit Stabmixer pürieren, salzen und pfeffern und durch ein Sieb streichen.
5. Fertige Sauce abdecken und bei Seite stellen.

Kaninchenschnitzel

ZUTATEN
für 4 Personen

4	Kaninchen-Keulen ergeben pro Person 3 kleine Schnitzel (wer mehr Fleisch möchte, kann zusätzlich noch einen Kaninchenrücken verarbeiten)
1	Ei
1	Eigelb
	Mehl
	Paniermehl
	Salz, Pfeffer
	Bratfett

ZUBEREITUNG

1. Kaninchenkeulen ausbeinen und Muskelansätze mit Sehnen abschneiden.
2. Je Keule entlang der Muskeln 3 etwa gleich große Schnitzelchen schneiden.
3. Schnitzelchen mit Fleischklopfer unter Klarsichtfolie vorsichtig plattieren.
4. Wie bei einem Schweineschnitzel üblich, mehlieren, abklopfen, in geschlagenem Ei wenden und mit Paniermehl rundum panieren.
5. Eine Seite salzen, die zweite Seite wird nach dem ersten Wenden in der Pfanne gewürzt.
6. In einer Pfanne in viel Bratfett kräftig rundum anbraten.
7. Bei zurückgenommener Hitze noch ca. 20 Minuten schmoren, dabei öfters wenden. Zum Schluss noch pfeffern.

> **ANMERKUNG:**
> Dazu passen Bratkartoffeln mit Salaten der Saison oder Kartoffelpüree mit Gemüse!

Feldhase und Kaninchen

Im St. Wendeler Land Schaumberg und Bostalsee

Sonnenblume im Wildacker

Stockente, Fasan und Ringeltaube

Stockente

Von den in Deutschland brütenden Wildentenarten ist nur die Stockente von jagdlicher Bedeutung. Sie lebt in den saarländischen Bächen und Nebenflüssen der Saar, Blies, Nied, Prims und in einer Vielzahl von Seen, Weihern und Tümpeln. Der buntgefärbte Erpel in seinem Prachtkleid unterscheidet sich deutlich von dem schlicht gefärbten dunkelbraunen Weibchen. Die Aufzucht der Jungen ist ausschließlich dem Weibchen überlassen. Die Jagdzeit für Stockenten beginnt im Saarland am 1. September und endet am 15. Januar. Die Jagdstrecke im Jagdjahr 2018/19 betrug 461 Stück. Ausgewachsene Enten wiegen etwa 1,5 Kilo, küchenfertig etwa 1 Kilo.

Jagdfasan

Die Römer brachten den Fasan mit nach Mittel- und Westeuropa. Er ist seit jeher ein geschätztes Wild in der internationalen Küche. Der Fasan gehört zu den Hühnervögeln und bevorzugt als Lebensraum die offene Kulturlandschaft. Wir Jäger lernen in der Ausbildung, dass der Fasan „die sechs W" benötigt, gemeint sind: „Wald, Wiese, Wasser, Weizen, Wärme und Wurzeln". Eine kurze, aber präzise Beschreibung für seinen optimalen Lebensraum. Der farbenprächtige Hahn lässt seinen Balzruf im März/April ertönen. Die Hennen sind mit dem Brutgeschäft und der Aufzucht der Jungen bis in den Herbst beschäftigt.
Die Jagdzeit für Fasane beginnt im Saarland am 1. Oktober und endet am 15. Januar. Die Jagdstrecke betrug im Jagdjahr 2018/19 im Saarland 51 Stück. Ein Fasan wiegt küchenfertig etwa 0,8 Kilo.

Ringeltaube

Von den im Saarland vorkommenden vier Wildtaubenarten ist nur die Ringeltaube jagdbar.
Ihr Lebensraum befindet sich an den Waldrandzonen, in Parks, Hausgärten und an Feldgehölzen in den Agrarlandschaften. Sie übernachtet sehr oft in Nadelbäumen, auf die sie in der Dämmerung einfällt. Der Balzruf der Tauber und der wellenartige Balzflug mit dem auffallenden Flügelklatschen ist für Ringeltauben typisch. Die Tauben haben eine Eikonstanz von 2 Eiern und bebrüten die Eier als Pärchen gemeinsam. Die Brutperiode kann sich von März bis September erstrecken und es sind 2-4 Bruten möglich.
Die Jagdzeit ist dementsprechend kurz und beginnt im Saarland am 1. November und endet bereits am 20. Februar. Die früher übliche Lockjagd im März durch Nachahmen des Balzrufes ist nur noch in wenigen Bundesländern möglich. Die Jagdstrecke betrug im Jagdjahr 2018/19 im Saarland 270 Stück. Eine küchenfertige Taube wiegt etwa 0,5 Kilo („Pfundstaube").

Ente mit Rosmarinkartoffeln und Ingwer-Möhren

Stockente, Fasan und Ringeltaube

ZUTATEN
für 4 Personen

je	2 Stockentenbrüstchen und Keulen (Blutergüsse und Schrote sind entfernt)
2	Schalotten
1	Knoblauchzehe
	Salz, Pfeffer, Rosmarin
	Bratfett

Sauce

250 ml	Geflügelfond
100 ml	Weißwein
4	Frühlingszwiebel
30 g	Butter
2 TL	Orangenmarmelade
	Salz, Pfeffer, Rosmarin

ZUBEREITUNG

Zuerst die Rosmarinkartoffeln, die Sauce und die Ingwer-Möhren zubereiten!

Ingwer-Möhren

Pro Person je nach Größe der Möhren 1-2 Stück nach Rezept Seite 115 zubereiten.

Rosmarinkartoffeln

Pro Person etwa 3-5 kleine gekochte Kartoffeln mit Salz, Pfeffer und Rosmarin gewürzt goldgelb braten.

Ententeile

1. Ententeile salzen und in einer heißen Pfanne rundum scharf anbraten. Danach pfeffern.
2. Bei geringerer Hitze noch etwa 5 Minuten auf jeder Seite schmoren, dabei 2-3-mal wenden.
3. Im Backofen bei Ober- und Unterhitze bis zum Servieren bei 60-70 °C warmhalten.
4. Die Entenbrüstchen und die Keulchen mit Rosmarinkartoffel und den Ingwer-Möhren anrichten. Als Garnitur eignen sich marinierte Apfelscheiben.

Sauce

1. Kleingeschnittene Frühlingszwiebel in Butter glasig anbraten, mit Weißwein und Geflügelfond auffüllen und bei mittlerer Hitze köcheln lassen. Auf die Hälfte der Flüssigkeit reduzieren.
2. Orangenmarmelade zugeben und kurz aufkochen.
3. Mit Salz, Pfeffer und Gewürzen nach eigenem Geschmack abschmecken und mit dunklem Saucenbinder abbinden.

Entenbrüstchen rosa gebraten mit Reis und Paprika-Gemüse

Zuerst das Paprika-Gemüse nach Rezept Seite 117 kochen und warmhalten und den Reis nach Herstellerangaben aufsetzen, so dass das gesamte Gericht auf den Punkt serviert werden kann! Als Sauce eignet sich eine aus den Karkassen und restlichen Wildbretteilen der Enten zuvor hergestellte scharfe Orangen-Ingwersauce oder eine in Lebensmittelläden erhältliche Sauce süß-sauer nach asiatischer Art!

ZUTATEN
für 4 Personen

4	Entenbrüstchen mit Haut (nach Möglichkeit ohne Schrotverletzungen)
2	Schalotten
1	Knoblauchzehe
	Gänse- oder Schweineschmalz, Rapsöl
	Salz, Pfeffer, Rosmarin, Thymian

ZUBEREITUNG

1. Etwas Rapsöl auf die Entenbrüstchen auftragen und rundum mit den Gewürzen einreiben.
2. Zuerst auf der Hautseite scharf anbraten, dann Hitze reduzieren und wenden.
3. Auf der Innenseite wenden und 3-5 Minuten schmoren, bis rosafarbener Bratensaft austritt. Die Kerntemperatur sollte zwischen 60-65 °C liegen.
4. Brüstchen in etwa 1 cm dicke Scheiben aufschneiden und mit Reis und Paprika-Gemüse anrichten.

Tipp
Als Garnitur passen enthäutete Orangenfruchtsegmente!

Fasanenbrüstchen und Schlegel mit Gemüsegraupen

ZUTATEN
für 4 Personen

2	ganze Fasanenbrüste (ergibt 4 Brustfilets) 4 Schlegel mit nicht zu vielen Schroten!
	Bratfett
	Salz, Pfeffer, Thymian, Rosmarin

Sauce

	Karkassen und alle Zerwirkteile der 2 Fasane
1 EL	Orangenmarmelade
1 EL	Zitronenmelisse (Brotaufstrich)
200 ml	Weißwein
1	Schuss Cognac oder Branntwein
100 ml	Sahne
200 ml	Gemüsebrühe, gekörnt
	Bratfett
	Salz, Pfeffer
	Saucenbinder dunkel

ZUBEREITUNG

Sauce

1. Zuerst den Fond für die Sauce aus den Karkassen und Zerwirkteilen herstellen (Rezept wie Wildfond mit Weißwein ohne Wurzelgemüse).
2. Fasanenfond entfetten und mit der Gemüsebrühe, den Säften und dem Cognac versetzen und reduzieren.
3. Sahne zugeben und mit Salz, Pfeffer würzen.
4. Vor dem Servieren mit Saucenbinder binden.

Fasanenbrüste und Schlegel

1. Fasanenbrüste mit Brustknochen (Rumpf) und die Schlegel von allen Blutergüssen an den Einschusslöchern und allen eventuellen Schroten befreien (ausschneiden).
2. Mit Salz würzen und in Bratfett rundum anbraten.
3. Hitze zurücknehmen und etwa 15 Minuten schmoren, dabei mehrfach wenden (Garzeit hängt vom Alter der Fasane ab). Kerntemperatur etwa 70-72 °C.
4. Zum Schluss des Bratvorganges mit Salz, Pfeffer, Rosmarin und Thymian nach Belieben würzen.
5. Brustfilets tranchieren und zusammen mit je einem Schlegel, den Beilagen und der Sauce servieren.

Stockente, Fasan und Ringeltaube

> **ANMERKUNG:**
> Gemüsegraupen und Wirsingbällchen
> Eigene Rezepte Seite 111 und 114!

Taubenbrüstchen auf roten Linsen mit Stampfkartoffeln

ZUTATEN
für 4 Personen

4	Brüstchen von 2 Ringeltauben
	Bratfett
	Salz, Pfeffer

Sauce

500 ml	Wildfond, hergestellt aus den Karkassen und den restlichen Wildbretteilen der 2 Tauben alternativ: Geflügelfond aus dem Handel
150 ml	Portwein
1 EL	Marmelade (z. B. Preiselbeeren oder Preiselbeermarmelade)
	Saucenbinder dunkel
	Salz, Pfeffer
	Bratfett oder Gänseschmalz

Linsengemüse

Rezept Seite 42

Stampfkartoffeln

4 Portionen Stampfkartoffeln oder Kartoffelpüree, Rezepte werden als bekannt vorausgesetzt!

ZUBEREITUNG

Sauce
1. Eine Sauce zubereiten.
2. Vor dem Servieren mit Saucenbinder binden und abschmecken.

Brüstchen
1. Taubenbrüstchen von eventuellen Schroten befreien und mit der Haut rundum in Bratfett kräftig anbraten und würzen.
2. 3-5 Minuten bei geringer Hitze schmoren und bis zum Servieren bei 80 °C Ober- und Unterhitze im Backofen warmhalten. Kerntemperatur sollte etwa 50-52 °C betragen.

Anrichten der Teller:
1. Zuerst die Beilage (im Bild Stampfkartoffeln) mit Metallring aufsetzen.
2. Linsengemüse mit großem Löffel auflegen.
3. Auf das Linsengemüse die Taubenbrüstchen platzieren.
4. Saucenspiegel angießen.

Ganze Taube auf Tomatenbulgur mit Spargelröllchen

ZUTATEN
für 4 Personen

4	junge Ringeltauben (ältere muss man im Dampfkochtopf weich garen)
	Bratfett
	Rapsöl
	Salz, Pfeffer, Thymian, Rosmarin

Tomatenbulgur
Rezept Seite 119

Spargel

12	Stangen grüner Spargel
8	Scheiben Schinken
	Bratenschnur
	Salz, Pfeffer
	Olivenöl

ZUBEREITUNG

Tomatenbulgur nach Rezept Seite 119 herstellen und Spargelröllchen vorbereiten. Schritte 1- 4.

dazwischen die Täubchen und die Spargelröllchen zubereiten, so dass das Gericht mit allen Beilagen zusammen serviert werden kann.

1. Küchenfertige Ringeltauben mit Rapsöl einreiben und mit Salz und Pfeffer würzen.
2. Rundum anbraten und dann im Backofen fertiggaren und warmhalten. Kerntemperatur in dem Brustkern etwa 55 °C. Garpunkt hängt vom Alter und den „Flugstunden" der Tauben ab.

Spargelröllchen vorbereiten 1.-4. und fertigstellen 5.

1. Spargel in gleichgroße Stücke schneiden und im unteren Stielbereich schälen.
2. Spargel in einem Spargeltopf etwa 10 Minuten bissfest dünsten, dabei nur ⅔ Drittel der Spargelstangen mit Wasser benetzen.
3. Spargel in 4 Portionen zu je 3 Stängeln aufteilen und mit Bratenschnur binden.
4. Pro Spargelröllchen zwei Scheiben Schinken überlappt auf einem Küchenbrett ausbreiten und die 4 Spargelröllchen damit einschlagen.
5. Spargelröllchen in Olivenöl rundum braten, sodass der Schinken Farbe annimmt.

Servieren

Je eine Taube mit einem Spargelröllchen und zwei gehäuften Schöpflöffeln Tomatenbulgur als Tellergericht servieren oder gesamtes Gericht auf einer großen Servierplatte für 4 Personen präsentieren. Am Platz auf die Teller aufteilen.

Natura 2000-Gebiet Nackberg bei Merzig/ Hilbringen

Helm-Knabenkraut

Beilagen und Gemüse

Semmelknödel/ Serviettenknödel

ZUTATEN
für 4 Personen

250 g	altbackene Brötchen (vom Vortag)
¼ l	Milch
50 g	Zwiebeln
40 g	Butter
20-40 g	Mehl
2	Eier
	Salz, Pfeffer, Muskatnuss
1 EL	gehackte Petersilie

ZUBEREITUNG

1. Brötchen entrinden, klein würfeln und in Schüssel geben. Milch aufkochen und darüber gießen. Mit Salz, Pfeffer und Muskat würzen und ca. 10 Minuten quellen lassen.
2. Kleingewürfelte Zwiebeln in Pfanne glasig braten und zu den Brötchen geben.
3. Mehl einsieben und mit den Eiern zu den Brötchen geben. Alles mit Salz, Pfeffer und Muskat würzen und vorsichtig verkneten. Knödelmasse ca. 20 Minuten ruhen lassen
4. Zwei Handvoll Knödelmasse auf eine zurechtgeschnittene Klarsichtfolie geben und zu einer Wurst rollen. Diese Rolle in Alufolie einschlagen und die Enden abdrehen.
5. Reichlich Salzwasser zum Kochen bringen.
6. Die Knödel ins kochende Wasser geben und danach Hitze reduzieren! Klöße im leicht siedenden Wasser ca. 30 Minuten ohne Deckel ziehen lassen.
7. Fertige Knödel in etwa 2-3 cm dicke Scheiben aufschneiden. Wer möchte, kann die Knödelscheiben noch in Butter leicht anbraten.

Schneebällchen saarländisch

ZUTATEN
für 10 Personen

0,8 kg	mehlig kochende Kartoffeln z.B. Bintje
1	Ei
1	Eigelb
50 g	Mehl („Trick" mit Vierteln im Bild oben)
20-30 g	Kartoffelstärke (muss nicht unbedingt sein, hängt von den Kartoffeln ab)
	Salz, Pfeffer, Muskat

ZUBEREITUNG

1. Kartoffeln mit Schale in Wasser garkochen (dauert ca. 30 Minuten). Gabeltest durchführen!
2. Kartoffeln mit kaltem Wasser abschrecken und pellen.
3. Noch warme Kartoffeln durch die Kartoffelpresse drücken. Gut Auskühlen lassen! Diesen Vorgang kann man auch bereits am Vortag machen.
4. Kartoffelmasse in eine beliebige Schüssel geben und leicht glattstreichen. Nun ¼ des Schüsselinhaltes mit Kochkelle oder großem Löffel entnehmen und beiseitestellen.
5. Den in der Schüssel entstanden Hohlraum (¼ Kreissegment) mit Mehl auffüllen.
6. Beiseite gestellte Kartoffeln (Viertel) wieder beigeben. So hat man immer ein richtiges Maß für das Mehl. (Kartoffelstärke kann wegfallen, es sei denn, ein Probeknödel zerfällt beim Probesieden).
7. Masse mit Händen oder großem Löffel gut vermengen.
8. Eigelb, Salz und Muskat (sparsam) hinzufügen und nochmals gut kneten.
9. Mit leicht feuchten Händen (kaltes Wasser) aus dem Teig einen Probeknödel formen und in Salzwasser ca. 20 Minuten garen (Geschmacks- und Festigkeitstest).
10. Nach Möglichkeit alle Knödel gleichzeitig, eventuell in zwei Töpfen, garen. Knödel dürfen nicht kochen, nur ziehen/dümpeln.

"Kerschdscher" Bratkartoffeln aus rohen Kartoffeln

ZUTATEN
für 4 Personen

500 g	festkochende Kartoffeln
	Bratfett
	Salz, Pfeffer, Rosenpaprika edelsüß

ZUBEREITUNG

1. Kartoffeln schälen und in etwa 1,5 cm dicke Scheiben schneiden.
2. Aus den Kartoffelscheiben quadratische Würfelchen schneiden, in kaltem Wasser waschen und in einem Küchentuch eingeschlagen, gut abtrocknen. So kleben sie beim Braten nicht aneinander.
3. Mit Salz würzen und in einer beschichteten Pfanne in heißem Bratfett rundum goldgelb braten. Zum Schluss pfeffern und mit Paprika abschmecken.
4. Diese Kartoffelvariante passt gut zu Hackbraten, Frikadellen, Schnitzeln und Koteletts.

Beilagen und Gemüse

„Gereeschde" Bratkartoffeln aus gekochten Kartoffeln

ZUTATEN
für 4 Personen

500 g	festkochende Kartoffeln
2	Zwiebeln
125 g	kleingewürfelter Speck
	Bratfett
	Salz, Pfeffer
	Petersilie zum Garnieren

ANMERKUNG:
Beim Anrichten können die Bratkartoffeln mit Petersilie garniert werden!

ZUBEREITUNG

1. Kartoffeln am Vortag mit Schale kochen, mit kaltem Wasser abschrecken und pellen.
2. Nach dem Auskühlen (über Nacht) in 3-4 mm dicke Scheiben schneiden und in einer Bratpfanne mit Bratfett goldgelb braten, dabei öfters wenden.
3. In einer separaten Pfanne die Speckwürfel goldgelb braten, die kleingeschnittenen Zwiebeln dazugeben und dünsten.
4. Die Speckwürfel/Zwiebelmasse über die Bratkartoffeln geben, vermengen, salzen und unter Hitze noch mehrmals wenden. Pfeffer zum Schluss zugeben.

Hausgemachte Knöpfle

ZUTATEN
für 8 Personen

500 g	Spätzle-Mehl (entspricht einer Packung)
5	Eier
ca. 200 ml	Wasser
1	Prise Salz
1	Prise geriebene Muskatnuss

ZUBEREITUNG

1. Spätzle-Mehl in eine genügend große Schüssel geben. Eier, Wasser, Salz und Muskatnuss zugeben und mit einem Mixer durchmischen, bis der Teig Blasen wirft und zäh vom Löffel fließt.
2. Teig 15 Minuten ruhen lassen.
3. Einen großen Topf nicht ganz zur Hälfte mit Wasser füllen, Salz zugeben und zum Kochen bringen.
4. Spätzle-Teig portionsweise (etwa drei Touren) über Spätzlesieb in nicht zu stark kochendes Wasser einschaben.
5. Nach dem Aufschwimmen kurz aufkochen lassen und mit Schaumlöffel entnehmen.
6. In einer Schüssel mit kaltem Wasser abschrecken.
7. Über ein Sieb abtropfen lassen und Portionen im Backofen warmhalten.

ANMERKUNG:

Vor dem Servieren können die Knöpfle in einer Pfanne mit Butter geschwenkt werden!

Knöpfle und Bärlauchknöpfle

Beilagen und Gemüse

Schupfnudeln

ZUTATEN
für 8-10 Personen

1 kg	Kartoffeln, mehlig kochend
125 g	Mehl
1	Ei
2	Eigelb
	Salz, Pfeffer, Muskat

> **ANMERKUNG:**
> Vor dem Anrichten in einer Pfanne in Butter erhitzen und nach Belieben leicht bräunen!

ZUBEREITUNG

1. Kartoffeln mit Schale weichkochen (etwa 30 Minuten, Gabelprobe).
2. Mit kaltem Wasser abschrecken, pellen und noch warm durch eine Kartoffelpresse drücken.
3. Nach dem Auskühlen Mehl, Ei und Eigelb zugeben, gut vermengen und mit Salz, Pfeffer und Muskat würzen.
4. Teig kurz ruhen lassen und danach auf einem bemehlten Brett eine Handvoll Teigmasse zu einer Teigrolle mit etwa 3 cm Dicke ausrollen, dabei die Hand der Länge nach einsetzen.
5. Aus der Teigrolle etwa 2 cm lange Röllchen schneiden und diese in der Innenfläche der beiden leicht bemehlten Hände zu der typischen Schupfnudelform ausrollen; dabei die Hände über Kreuz bewegen.
6. In einem Topf mit gesalzenem Wasser die Schupfnudeln leicht sieden lassen.
7. Die Schupfnudeln sind fertig, wenn sie an die Oberfläche aufschwimmen.
8. Fertig gegarte Nudeln mit einem gelochten Schöpflöffel entnehmen und in kaltem Wasser abschrecken.
9. Diesen Vorgang so oft wiederholen, bis der gesamte Teig aufgebraucht ist.

Gemüsegraupen

ZUTATEN
für 4 Personen

250 g	Graupen
150 g	Möhren
100 g	Lauch
	Gemüsebrühe, Salz, Pfeffer

ANMERKUNG:
Passen sehr gut zu Federwildgerichten und als Salat auch zu Grillgerichten!

ZUBEREITUNG

Packungsbeschreibung der Graupen beachten!

1. Graupen über Nacht einweichen.
2. Ca. 30 Minuten in Gemüsebrühe kochen und in kaltem Wasser abschrecken.
3. Möhren und Lauch in rechteckige, 2-3 mm große Würfel schneiden, bissfest kochen und in kaltem Wasser abschrecken.
4. Graupen und Gemüse miteinander mischen, würzen und im Dampfbackofen regenerieren oder im Backofen erhitzen.

Beilagen und Gemüse

Karamellisiertes Apfelrotkraut

ZUTATEN
für 4-6 Personen

1 kg	Rotkohl
50 g	Butter
2 EL	brauner Zucker
1	kleiner Apfel
4	Gewürznelken
2	Lorbeerblätter
3	Wachholderbeeren
6	Pimentkörner
100 ml	Rotwein
100 ml	Apfelsaft
5-10 ml	Balsamico-Essig oder Essigessenz
1 EL	Gemüsebrühe, gekörnt
	Salz, Pfeffer, Zimt

ZUBEREITUNG

1. Kohl in Rechtecke schneiden (nicht wie bei der „klassischen saarländischen Zubereitung" in dünne Scheiben).
2. Apfel in dünne Scheiben schneiden.
3. Butter zerlassen und braunen Zucker darin karamellisieren.
4. Apfelscheiben in karamellisiertem Zucker leicht bräunen.
5. Rotkraut zugeben und rundherum anschwitzen.
6. Apfelsaft, Rotwein und Essig angießen.
7. Nelken, Lorbeer, Piment und Wachholderbeeren (alles im Teebeutel) und ca. 1 EL gekörnte Brühe zugeben und ca. 1,5 Stunden leise köcheln lassen.
8. Zum Schluss mit Salz, Pfeffer und Zimt abschmecken.

Rosenkohl mit Mandelblättchen

ZUTATEN
für 4-5 Personen

500 g	Rosenkohl
2 x 20 g	Butter
2 TL	Zucker
1	Zwiebel
	Salz, Pfeffer
	Saft einer halben Zitrone
1	Tasse Gemüsebrühe

ZUBEREITUNG

1. Den Rosenkohl waschen, putzen und den Strunk kreuzweise einritzen.
2. Die Butter in einem Topf mit dem Zucker und den gewürfelten Zwiebeln erhitzen bis die Zwiebeln glasig sind.
3. Den Rosenkohl zugeben und etwa 5 Minuten unter Rühren leicht anbraten.
4. Den Saft einer halben Zitrone zugeben und mit Salz, Pfeffer und Muskat würzen.
5. Mit einer Tasse Fleisch- oder Gemüsebrühe angießen und weitere 10 Minuten bei schwacher Hitze köcheln.
6. Die Mandelblättchen in einer Pfanne in der Butter goldgelb anrösten und über die Rosenkohlröschen geben.

Tipp

Bei Tellergerichten die Mandelblättchen über die Röschen des Rosenkohls geben!

Beilagen und Gemüse

Wirsingbällchen

ZUTATEN
für 4-6 Personen

1	Wirsingkopf, etwa 1 kg
1	mittelgroße Gemüsezwiebel
1	Stange Lauch, 150 g
2	Stängel Frühlingszwiebeln
125 g	Dörrfleisch- oder Schinkenwürfel
	Salz, Pfeffer, Muskat
1 EL	Gemüsebrühe gekörnt
	Bratfett

ANMERKUNG:
In einer Klarsichtfolie eingeschlagen, können die Bällchen eingefroren und für spätere Gerichte im Tiefkühlschrank bevorratet werden!

ZUBEREITUNG

1. Die äußeren Wirsingblätter abtrennen und in kochendem Wasser etwa 10 Minuten bissfest kochen. Je Wirsingblatt erhält man ein Bällchen.

2. In Eiswasser abschrecken (um die grüne Farbe zu erhalten) und mit einem Messer die Mittelrippe flach schneiden.

3. Den Rest des Kohls würfeln oder in dünne kleine Scheiben schneiden und mit dem kleingehackten Lauch, der Frühlingszwiebel, der Gemüsezwiebel sowie dem Dörrfleisch bissfest garen.

4. Mit Gemüsebrühe, Salz, Pfeffer und Muskat würzen und durch ein großes Sieb seihen, dabei die Flüssigkeit auffangen.

5. Je Wirsingblatt 2 Esslöffel der Gemüse-Speckmischung auftragen und das belegte Wirsingblatt zu einem runden Bällchen zusammenfalten. Dabei zuerst den Strunk einschlagen, dann die Seitenteile und zuletzt mit dem eingeschlagenen Vorderteil des Blattes ein Bällchen formen.

6. Die Wirsingbällchen einzeln in einem Küchentuch zu einer Kugelform abdrehen, dabei die Flüssigkeit auffangen.

7. Bällchen in einer Auflaufform mit einem Teil der aufgefangenen Gemüseflüssigkeiten etwa 10 Minuten im Backofen bei 130 °C ziehen lassen.

Möhren-Ingwer-Gemüse

ZUTATEN
für 4 Personen

8	große Möhren
1	Stück Ingwerwurzel (2 cm)
	Saft einer Bio-Orange
	Orangeraspel (Schale)
2 TL	Gemüsebrühe, gekörnt
2 EL	Zucker
	Salz, Pfeffer
20 g	Butter

ZUBEREITUNG

1. Möhren schälen und in etwa 5 cm lange, ovale Scheiben schneiden.
2. In einer beschichteten Pfanne Butter erhitzen und darin Zucker karamellisieren.
3. Mit etwas Orangensaft ablöschen, Möhren zugeben und kurz karamellisieren lassen.
4. Geriebenen Ingwer und Gemüsebrühe und ca. 20 ml Wasser, den restlichen Orangensaft und die Orangenraspel zugeben und etwa 15 Minuten bissfest garen.
5. Mit Salz und Pfeffer würzen.

Beilagen und Gemüse

Möhren-Fenchel-Gemüse

ZUTATEN
für 4-6 Personen

6	Möhren
2	Fenchelknollen
1	Knoblauchzehe
1	Ingwerstück, 2 cm
1	Bio-Orange
100 ml	Orangensaft
	Rapsöl
1 TL	Gemüsebrühe gekörnt
	Zucker, Salz, Pfeffer

ZUBEREITUNG

1. Möhren schälen und in schräge etwa 3 mm dicke Rauten schneiden und bissfest garen/blanchieren.
2. Fenchel putzen, Strunk entfernen, in 3-4 mm Stücke schneiden und ebenfalls bissfest garen/blanchieren.
3. Knoblauch ohne Kernstück gepresst mit den Möhren und dem Fenchel in Öl dünsten.
4. Den mit einer Raspel geriebenen Ingwer, 1 TL Gemüsebrühe, fein geriebene Orangenschalen und den Orangensaft zugeben und kurz aufkochen. Eventuell etwas Wasser zugeben.
5. Mit Salz, Pfeffer und Zucker abschmecken.

Paprika-Gemüse

ZUTATEN
für 4-6 Personen

je	1 rote, grüne und gelbe Paprikaschote
2	rote Zwiebeln
1	Knoblauchzehe
1 TL	Gemüsebrühe, gekörnt
1	kleine Dose passierte Tomaten
1 TL	Tomatenmark
2 EL	Aceto Balsamico, weiß oder rot
	Salz, Pfeffer, Chili, Zucker
	Olivenöl

ZUBEREITUNG

1. Paprikaschoten waschen, entkernen und die inneren weißen Scheidewände entfernen.
2. Halbierte Schoten in Rauten oder Rechtecke von etwa 3 cm Kantenlänge schneiden.
3. Zwiebeln und Knoblauch in kleine Würfel schneiden.
4. In einer beschichteten Pfanne in heißem Olivenöl zuerst die Zwiebeln glasig dünsten, dann die Paprika zugeben und etwas bräunen lassen.
5. Tomatenmark zugeben und kurz mitschmoren.
6. Knoblauchwürfelchen zugeben und in Wasser angesetzte Brühe und Balsamico angießen.
7. Etwa 15-20 Minuten köcheln bis Gemüse gegart, aber noch bissfest ist.
8. Mit Salz, Pfeffer, etwas Chili würzen und eventuell mit Zucker abschmecken.

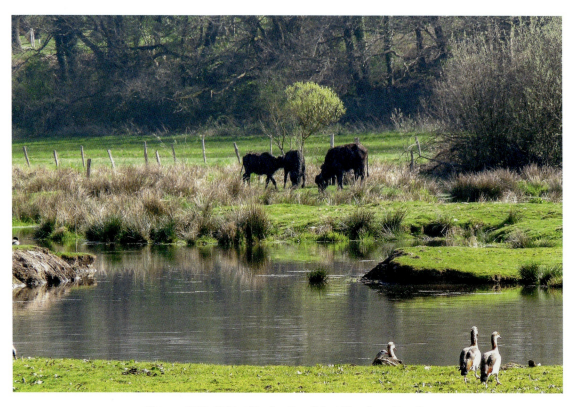

Natura 2000-Gebiet Beeder-Bruch bei Homburg/Beeden

Tomatenbulgur

ZUTATEN
für 4 Personen

150 g	Bulgur
1	große Fleischtomate
1	Zwiebel
3 EL	Tomatenmark
ca. 2 L	Gemüsebrühe
ca. 20 g	Butter
	Salz, Pfeffer, scharfes Paprikapulver

ZUBEREITUNG

1. Bulgur nach Herstellerangaben in Gemüsebrühe weichkochen.
2. Tomate enthäuten (in sprudelnd kochendem Wasser bis zum Einreißen der Außenhaut kochen und direkt in kaltem Wasser abschrecken). Tomaten entkernen und in kleine Würfel schneiden.
3. Zwiebel in kleine Würfel geschnitten in Butter dünsten, Tomatenmark zugeben und leicht bräunen lassen.
4. Tomatenstücke und Zwiebel mit Tomatenmark unter den Bulgur mischen.
5. Mit Salz, Pfeffer und Paprika herzhaft würzen und vor dem Servieren nochmals erhitzen

Tipp

Dieser Tomatenbulgur passt gut zu Federwildgerichten, kann aber auch als Salat zu Grillgerichten gereicht werden!

Beilagen und Gemüse

Nachspeisen

Salbei-Wiese im Bliesgau

Apfelkuchen mit Schmand vom Blech

ZUTATEN
für 1 Backblech

250 g	Zucker
250 g	Butter
1 TL	Zimt
4	Eier
1	Päckchen Vanillezucker
350 g	Mehl
1	Päckchen Backpulver
800 g	Äpfel
400 g	Schmand

Ein Backblech in den Maßen 30 x 40 cm ergibt 12 quadratische Kuchenstücke zu je 10 x 10 cm oder 24 rechteckige Kuchenstücke zu je 10 x 5 cm. Sollte man exakt mit Maßstab/Meter messen!

ZUBEREITUNG

1. Zucker, Butter mit Zimt und Vanillezucker verrühren.
2. Eier nach und nach zugeben.
3. Mehl und Backpulver unter die Masse sieben, anschließend den Schmand dazugeben und zu einem cremigen Teig verrühren.
4. Die klein geschnittenen Äpfel unter den Teig heben.
5. Anschließend alles auf ein mit Backpapier ausgelegtes Backblech verteilen.
6. Im vorgeheizten Backofen bei 200 °C (Ober- und Unterhitze) 30 Minuten backen.
7. Auskühlen lassen und – entsprechend der gewünschten Portionen – in gleichmäßige Stücke schneiden.
8. Kuchen mit Puderzucker bestreuen und mit Vanilleeis und Sahne servieren.

Nachspeisen

Heidelbeerkuchen vom Blech

ZUTATEN
für 1 Backblech

500 g	Weizenmehl
500 g	Buttermilch
250 g	Zucker
1	Päckchen Backpulver
3	Eier
350 g	Heidelbeeren
75 g	Kokosraspeln
2	Päckchen Vanillezucker
200 g	Schlagsahne (flüssig)
	Salz

Ein Backblech in den Maßen 30 x 40 cm ergibt 12 quadratische Kuchenstücke zu je 10 x 10 cm oder 24 rechteckige Kuchenstücke zu je 10 x 5 cm. Sollte man exakt mit Maßstab/Meter messen!

ZUBEREITUNG

1. Zucker und Eier in einer Schüssel schaumig schlagen.
2. Buttermilch, Mehl, Backpulver und eine Prise Salz zugeben und zu einem Teig verrühren.
3. Den Teig auf einem mit Backpapier ausgelegten Backblech aufbringen und mit einer Teigspachtel oder großem Löffel gleichmäßig verteilen.
4. Gewaschene Heidelbeeren gleichmäßig auf dem Kuchenteig verteilen.
5. Vanillezucker und Kokosraspeln miteinander mischen und ebenfalls auf dem Teig gleichmäßig aufstreuen.
6. Im vorgeheizten Backofen bei 180 °C Ober- und Unterhitze auf der mittleren Schiene leicht goldgelb backen.
7. Den Kuchen aus dem Ofen nehmen und sofort die flüssige Schlagsahne mit einem Gefäß mit Ausgießer (z.B. Messbecher) flächig auf dem Kuchen verteilen.
8. Durch Wippen des Backblechs kann man die gleichmäßige Verteilung der Sahne erreichen.

Limetten-Joghurt-Mousse mit Himbeeren

ZUTATEN
für 4 Portionen

400 g	Natur-Joghurt
60 g	Puderzucker
4	Blätter Gelatine, weiß
1 EL	Zitronensaft, 1 Limette
150 ml	Sahne
300 g	Himbeeren
40 ml	Himbeergeist
	etwas Minze
	einige Himbeeren extra

ZUBEREITUNG

1. Joghurt mit dem Puderzucker verrühren.
2. Gelatine 5 Minuten in 75 ml kaltem Wasser einweichen.
3. Mit beiden Händen ausdrücken und in Wasser unter Rühren so lange erwärmen, bis sie sich aufgelöst hat.
4. Flüssigkeit etwas abkühlen lassen, und mit dem Zitronensaft in den Joghurt rühren.
5. Sahne steif schlagen und unter die Joghurtcreme heben.
6. 4 Stunden im Kühlschrank fest werden lassen.
7. Himbeeren pürieren, mit Himbeergeist aromatisieren und als Soßenspiegel auf die Teller gießen.
8. Aus der Joghurt-Mousse mit zwei Löffeln Nocken formen und diese auf der Himbeersauce anrichten.

Tipp

Nach Belieben mit einer Limettenscheibe oder mit einem Minzeblatt dekorieren!

Nachspeisen

Traubentraum

ZUTATEN
für 4 Portionen à 200 ml

250 g	Quark
1	kleiner Becher Joghurt
7	Schoko Cookies
1	Trauben, ca. 40 Stück
250 ml	Sahne
1 Pk.	Sahnesteif
1	Vanilleschote
	Saft einer ½ Zitrone
3 EL	Zucker

ZUBEREITUNG

1. Trauben waschen, halbieren und mit Zitronensaft und 1 EL Zucker marinieren.
2. Cookies in Gefrierbeutel einfüllen und mit Nudelholz oder einem Plattiereisen zerkleinern.
3. In einer Schüssel oder einem Mixbehälter Sahne schlagen und mit Sahnesteif versetzen.
4. In einer weiteren Schüssel Quark und Joghurt verquirlen, Zucker und ausgekratztes Vanillemark einrühren und geschlagene Sahne unterheben.
5. In vier Dessertgläser schichtweise zuerst je die Hälfte der Cookies darauf die Hälfte der Quark-Joghurt-Sahne-Creme und die Trauben einfüllen (20 halbierte Trauben als Garnitur zurückbehalten).
6. Die restliche Creme auf die Dessertgläser aufteilen und mit dem Rest der Cookies bestreuen.
7. Zum Schluss je fünf Traubenhälften als Garnitur auflegen.

Karamell-Törtchen

ZUTATEN
für 4 Portionen

200 g	Zucker
1 EL	brauner Zucker
4	Eigelb
100 g	Heidelbeeren
250 ml	Sahne
ca. 25 g	Butter

ZUBEREITUNG

1. 100 g Zucker mit 1 EL braunem Zucker in einem Topf schmelzen und leicht bräunen lassen.
2. Flüssige karamellisierte Masse gleichmäßig in mit Butter eingefettete Förmchen einfüllen, so dass der Boden bedeckt ist. Bei der angegebenen Zutatenmenge eignen sich Förmchen aus Keramik mit einem Fassungsvermögen von etwa 80-100 ml.
3. Sahne und pürierte und durch ein Sieb gestrichene Heidelbeeren in einem Topf kurz aufkochen.
4. 4 Eigelb und restlichen Zucker in einer Schlagschüssel verquirlen. Schüssel auf ein Wasserbad mit leicht siedendem Wasser setzen, Boden darf das Wasser nicht berühren.
5. Die heiße Sahne-Heidelbeermasse unter ständigem Rühren in die Ei-Zuckermasse langsam eingießen.
6. So lange mit Schneebesen oder Handrührgerät schlagen und erhitzen bis die Masse einigermaßen cremig wird, Temperatur sollte 75-78 °C erreichen (mit digitalem Thermometer messen).
7. Die fertige Creme in die Förmchen bis etwa 1 cm unter den oberen Rand eingießen
8. Im Backofen bei 170 °C Ober/Unterhitze 60 Minuten im Wasserbad stocken lassen, das Wasser soll etwa 2-3 cm über dem Bodenrand der Förmchen stehen.
9. Während des Stockens Temperatur kontrollieren. Das Wasser darf nicht kochen, da sonst die karamellisierte Bodenschicht anbackt; eventuell mit kaltem Wasser Temperatur zurückführen.
10. Förmchen aus dem Wasserbad nehmen, auskühlen lassen und stürzen.

ANMERKUNG:
Die Törtchen können mit einem italienischen Gebäck oder mit Eis serviert werden!

Jägerheim im Lachwald in Saarwellingen

impressum

HERAUSGEBER
Vereinigung der Jäger des Saarlandes
Jägerheim – Lachwald 5
66793 Saarwellingen

AUTOR
Dr. Wolfgang Dörrenbächer

FOTOS
Werner Simmet / Dr. Wolfgang Dörrenbächer
Adobe Stock, Fotolia

STRICHZEICHNUNGEN
Günter Malick (†)

GRAFIKEN
macrovector_official / Freepik

BUCHEINBAND
Günter Diesel

GESTALTUNG, SATZ UND LAYOUT
MEDIA-SERV GmbH

DRUCK
Krüger Druck+Verlag GmbH und Co. KG

ISBN
978-3-9819317-3-0

Für die Grafiken mit den Wildarten und den Wildbretteilen nach dem Zerwirken auf den Seiten 50, 59, 73, 85 und 93 liegt das Copyright bei der „convergence Verwaltungsgesellschaft mbH", mit freundlicher Unterstützung der „DJV-Service und Marketing GmbH (DSM)", die diese Grafiken auch für ihre Poster verwendet.